生きざまの日本史

本郷和人

毎日文庫

はじめに

　ぼくは子どものころから偉人伝が大好きでした。野口英世、中江藤樹、ティツィアーノ・ヴェチェッリオなどがお気に入りでしたが、彼らに共通するのは、「母親想い」である、ということ。母は教師として働いていて、ぼくは保育園に遅くまで預けられていましたので、母が恋しい、という気分が強かったのかもしれません。

　小学生、中学生と年齢が上がるにつれ、興味はやはり源頼朝や織田信長など、時代や社会の改革者に移っていきました。偉人伝ではなく、人物伝を読み始めたのです。海音寺潮五郎や吉川英治、子母澤寛など、人物を社会の激動の中で捉える歴史小説も貪るように読みました。それでいつの間にやら、歴史研究の道に進もうと思うようになっていたのです。

　ですが、大学に入ってみたら驚きました。それまでぼくが親しんでいたような歴史は、学問としての歴史、科学としての歴史ではなかったのです。学問・科学としての歴史とは何かというと、古文書や古記録（日記）などの一次史料の精緻な読みに基づいて、歴史像を構築する、というもの。このとき彼はどのように思って、いかに行動したかというストーリーは、文学ではあっても、歴史学ではなかったのです。

ぼくは子どもの頃から「本郷は歴史を良く知っているなあ」と驚かれてきました。正直なところ内心かなり得意だったわけですが、それは子どもの頃から偉人伝・人物伝を大量に読んでいたからこそ、獲得できた評価でした。しかも冷静に我が身を分析してみると、ぼくは「憶える」能力は「まずまず」でしたが、人よりもアタマが良いわけでは決してなかった。ですから、大学に入ったときに、ものすごくつらい思いをしました。それまでに得たアドバンテージを、全部捨てざるを得なかったからです。

まあ、それでも何とかかんとか、歴史学の研究者として、今日まで40年あまりを過ごしてきました。もうそろそろ良いかな。それが歴史学かどうかを気にすることなく、一度は封印した人物伝を「自分で」展開してもいいんじゃないかな。そう思い立って始めたのが『サンデー毎日』のコラムでした。

今回、それを書籍のかたちにまとめて、みなさんに読んでいただけることになりました。ぼくが専門とする中世政治史にこだわらず、いろいろな時代の、様々な分野の人物を取り上げてみました。偉人伝、ということにはせずに、等身大の叙述を心がけました。なあに、ものすごい業績を上げた人も、所詮は人間なのです。完全無欠ではありません。不得意な分野もあれば、明らかな短所もある。だからこそ、人間くさく、親しみがわくのではないでしょうか。

是非ご自身と比較しながら、読んでみてください。楽しんでいただければ幸いです。

目次

第3章 天下統一安土桃山編

第1章
戦国時代主君編

豊臣秀吉――頭脳明晰で自身の没後も予見⁉

こちらの書籍は『サンデー毎日』で連載をしている「日本史・今までにない人物伝」の書籍化になります。その連載が始まる前、さて、ではいったい何を書こうかな、とぼーっと考えていたのですが、そうだ！　あれにしよう、と閃《ひらめ》いたことがあります。それが「今までにない」形での人物伝です。いや、「今までにない」とかいっても、結局は人物伝、評伝なんでしょ？というご指摘はごもっとも。そこで先《ま》ず、どの辺りが「今までにない」のか、簡単にご説明いたします。

ぼくはそもそも、子どもの頃から人間の生きざまに興味を持っておりまして、貧しい環境を克服して世界的な学者になった野口英世の話、とか、盲目のハンデをはねのけて日本の古典を探求した塙保己一《はなわほきいち》の話とかが大好きでした。そのことが歴史研究に従事するようになった理由の一つなのですが、実はそこには大きな問題がありました。

大学に入学して、日本史を本格的に勉強したときに、強調されたのは、日本史学は科学である、ということです。科学であるから、客観的でなくてはならない。歴史資料を読み解いて、必ずウラを取れ。知性ある人みなが納得できるように、史実を実証的に復元し、それを素材として論理を組み上げろ。そういったことを徹底的に叩《たた》き込まれた。この立場を徹底したならば、歴史上の人物が「どう思ったか」、彼の感情は不確定要素として排除する必要があるんですね。

現代においても、リーダーは感情と行動が乖離《かいり》することがしばしばあります。個人的には日本の風土をだれよりも愛している。でも使える予算は限られている。過疎地域の振興費を削減して都市部にまわし、生産の効率を上げて世界と戦って国を富ませる。そのうえで、後手にはなるけれども、過疎地対策を充実させる。そんな方法を選択する総理大臣がいるかもしれません。彼は地方を嫌っているのか。いや、ごみごみした都会が実は大嫌いで、ネットや流通が整備された田舎暮らしこそ至福と思っているかもしれない。

人の感情がダイレクトに行動につながるとは限らない。たとえば足利尊氏《たかうじ》は後醍醐《ごだいご》天皇を敬愛していた。けれど、武士みんなの願望を背負い、天皇の建武政権を崩壊させた。そういうことは十分にありうる。

歴史学は、史実はどうであったか、を先ず明らかにする。確実には捕捉できない、人の「ナマの感情」はあとまわしです。人間の内面を軽々に忖度《そんたく》してはならない。それは学問でいうと国文学とか、あるいは優れた小説家の先生のお仕事だ。われわれ歴史研究者は、地道に史実を積み上げるべきだ。ぼくはそう教えられ、それに従って論文をまとめてきた。……でも、正直なところ、もうあきちゃった。

先にも書きましたが、ぼくは何より人間に興味がある。彼はどう考え、どう感じ、そこでどう行動したか。それが語れないで、何が歴史研究だ、という思いが日増しに強くなってきたのです。もちろん、妄想はいけません。でも、歴史上の人物の感情もある程度までは状況証拠で押さえられるんじゃないだろうか。歴史論文にまとめるような客観性はムリとしても、読んでくださる方の共感を得られる人間理解。それをやってみたいのです。というのが、この連載のテーマですが、能書きはこれくらいにして、実例を挙げてみましょう。トップバッターは豊臣秀吉です。

❖みなが豊臣のためには生きない

慶長3（1598）年8月18日、秀吉は伏見城で亡くなりました。あれ？　大坂城じゃないの？と思われた方、いらっしゃるのではないですか。

秀吉が大坂城に住んでいた期間は案外短くて、天正11（1583）年の築城開始から天正15（1587）年まで。その年に九州征伐から帰ってくると、政庁ならびに居館として建設していた京都の聚楽第《じゅらくだい》に移り、更に関白を退いた後は京都の南に伏見城を築いて、ここで暮らしていたのです。

亡くなるまで秀吉は徳川家康に対し、「秀頼を頼む、頼む」と懇願した。これは史実ですが、さてここで、歴史学では禁じ手ですが、秀吉の胸中に思いを馳《は》せてみましょう。だからこその「今までにない」人物伝なのです。

　秀吉はさて、豊臣の天下が続くと思っていたのでしょうか。もちろん、願ってはいたでしょう。でも、秀吉は頭脳が明晰《めいせき》で、将来を的確に予測できた人でした。だから天下人になりおおせた。政権抗争に身を投じ、その厳しさをだれよりも知っていた。大恩ある主家、織田家から天下人の座を奪いとる冷徹さも併せ持っていた。信長の娘を側室に加えた。

　そんな秀吉です。オレが居なくなったら、天下は徳川殿のものだな、と見抜かなかったはずはない。ぼくはそう思うのです。

　佐吉に仁右衛門（石田・増田）、虎之助に市松（加藤・福島）。仕事のできる子飼いの大名は、育てた。五奉行を中心とする豊臣の統治システムも少しずつ形になってきた。でも問題は徳川殿だなあ。徳川殿が律儀者《りちぎもの》だって？　うそをつけ。そりゃ仮面よ。オレが死ねばすぐに、天下取りに動き出すに決まってる。そうなったら、豊臣に心を寄せる者たちは、徳川殿にかなうだろうか。いやどう考えたって、束になってもムリだな。年季が違う。能力も違う。それに人心は移ろいやすい。みながみな、豊臣のために、なんて本心から考えてるわけがない。人はみな自分が可愛いし、自分の家が大切だ。仕方があるまいよ……。そう考えている、と推測するのが自然じゃないか。

豊臣秀頼――触れてはいけない⁉ 出生の秘密

前回、秀吉は豊臣家の将来を予見していたのではないか、と書きました。最晩年の秀吉の思いを忖度《そんたく》すると……外様大名（という呼称は、この時期にはありませんが）ども、毛利や上杉や島津や伊達などには、豊臣家に忠節を尽くす義理はないしのお。いや、上杉景勝あたりは人情に厚いから、徳川内府（内大臣）への一定の歯止めにはなるか。宇喜多の八郎（秀家）は可愛いヤツだで、がんばりを見せてくれるじゃろうが、まあ能力では内府の足元にも及ばんし。やはり頼りになるのは、内政面で佐吉（石田三成）ら、戦《いくさ》働きで虎之助（加藤清正）らか。子飼いは政権を維持するため懸命に働くだろうが、うーむ、やはり内府にはかなうまいのお……。こんなところだったのではないでしょうか。

とすると、秀吉が家康に「秀頼のことを頼む、頼む」と懇願した真意はなんだったか。ぼくは「おぬしが天下人になるのは避けられまい。だが、そのときに、秀頼をどうか生かしてやってくれ。小さな大名で良いから、豊臣家の存続を許してくれ」という意味ではないかと解釈してみます。

さて、それでいよいよ秀頼なのですが。歴史研究者が、議論を遠ざけるのが賢明、とする随一のポイントに、敢《あ》えて言及します。秀頼って、秀吉の子なんでしょうか？

秀吉にはかつて子どもがいたけれど亡くなった、という話には確たる証拠がありません。秀吉は多くの女性に囲まれていた。これは史実。天下人たる秀吉のハーレムを形成していた彼女たちの誰もが、もちろん淀殿は別としてですが、子どもを産んでない。これも史実。

ぼくらの状況に置き換えると、ああ、Ａさん（男性）は子どものできにくい体質なんだな、でおしまいの話です。そういう方はたくさんいらっしゃいます。ところが「人生50年」時代に、秀吉は53歳にして、淀殿との間に鶴松をもうけた。さらにこの子が病没すると、57歳のときに、また淀殿が秀頼を産んだ。

❖その話題はスルーということで…

秀頼の出生に関しては、同じ九州大学内で、服部英雄先生と福田千鶴先生が論争していましたが、こうした話を歴史研究者がしても決着は付きません。ぼくは折に触れて産婦人科の先生に意見を聞いています。すると皆さん、「秀吉に突然子どもができるのは、おかしいですね」とおっしゃる。秀吉の弟の秀長にも子どもがいないんですよ、と付け加えると、やっぱり体質的に子どもは望めないんじゃないかな。長年子どもを授かれなかった権力者の若い妻が、後継者を産んだ。現代なら、ＤＮＡ鑑定、という話になりますね、と。

秀吉と淀殿は、子をなすことに関して、あり得ぬほど体質の相性が良かったのではないか、だからこのカップルにだけ、奇跡的に二人も男の子ができたのでは？　ぼくはそうも聞いてみました。すると先生方はみな、いやそういう考え方は科学的ではありません。本当に奇跡が起きて淀殿が秀吉の実子を産んだとする。でも、それは次の子にはなんの関係もない。つまり、二人の男の子が生まれる確率は、奇跡かける奇跡、すなわち天文学的な数字になる。だったら、秀頼は他の男性の子、と考えた方が自然です、という内容を答えて下さいました。

それではぼくも、歴史研究者としてこの問題を考えてみましょう。周囲の反応はどうだったか、それを調べることが大事です。これならば、冷静な分析が可能です。

秀吉は専制的な権力者です。その彼が「これは私の息子だ」と宣言したらどうなるか。よく反社勢力の特徴として「親が言うことは絶対だ。親が白といえば、カラスだって白いんだ」との説明を聞きますね。専制的な君主の言い分というのは、まさにそういうものです。「おまえはアウトだ！」とジャッジされれば、無実でもアウト。実際に秀頼生誕の関わりで、豊臣秀次一家は、罪なくして皆殺しになりました。秀次と関係の深い家臣も多く殺されました。また鶴松が生まれた年、聚楽第《じゅらくだい》の外門に何者かが落書きをし、その内容（鶴松出生の秘密を揶揄《やゆ》するものといわれるが、詳細は不明）に激怒した秀吉は警護していた役人の耳を切り、鼻を削《そ》いで、１００人以上の人命をこともなげに奪っています。

秀吉とはそういう権力を持った人物。そんな彼に、「鶴松様は殿下のお子なのでしょうか?」なんて言えますか。それは……絶対に言えませんね。周囲の大名たちは「鶴松様は、また秀頼様は、殿下のお子様で、豊臣政権の継承者である」と、自らに何度も何度も言い聞かせたに違いない。余計な疑念と詮索は、身の破滅を意味するのです。

問題は当の秀吉です。秀吉自身はどう思っていたのでしょう。そのあたりのことを、次回、もう一度考え直してみましょう。

豊臣秀吉――強烈な猜疑心ゆえ自らを騙し続けた君

2回にわたって豊臣父子のことを書いてきました。そろそろまとめましょう。

豊臣秀吉について、ぼくがもっている最大の謎。それは「どうして徳川家康と徳川家を滅ぼさなかったのか」ということです。秀吉は晩年に20万を超える兵を朝鮮半島に送り込んだ。そんな余計なことをするくらいなら、なぜそれを以《もっ》て徳川領に攻め込まなかったのか。家康は関東を治めて石高は255万石。兵であれば多くて7万人。いかに家康といえども、20万を超える軍勢には敵《かな》わないでしょう。家康さえ倒しておけば、豊臣政権は存続した可能性が高くなる。それなのにどうして？

秀吉がなぜ朝鮮出兵に踏み切ったのか。説はいろいろありますが、どれも今ひとつ説得力に欠けます。「是が非でも兵を出さねばならない」、という理由としては、どれも弱いんです。海外に新しい領土を求められないと、部下の要求に応じられなかった（朝鮮出兵の理由その1）？　いや、海外に一片の領土を得られなくても、徳川幕府は発足して維持されたじゃありませんか。では、東アジアにおける貿易で主要な地位を占める必要があった（理由その2）？　うーん、これまた、徳川家康はそこまで積極的に海外交易を行っていませんよ。さらには幕府は鎖国へと進んでいくわけですよね。当時の日本って、食糧自給率が100％、海外との取引をしないでもやっていける国、自給自足が可能な、ある意味「豊かな国」だったんです。

こう考えてみると、朝鮮出兵の必然性は、簡単には見つけられない。ならばそんなことをする代わりに、「方広寺の鐘銘事件」（豊臣家が作らせた方広寺の鐘に『国家安康　君臣豊楽』の文字があり、これは徳川家を呪詛《じゅそ》するものだと家康が難癖を付けた茶番劇）みたいのをでっち上げ、徳川内府が豊臣家の崩壊を願っている、不届きだ、として滅ぼしてしまえばよかったのに。費やすエネルギーは、朝鮮出兵も、徳川討伐も、そんなに変わらないと思うんだけどなあ。

なぜ家康を討たなかったか。家康が律儀者《りちぎもの》だったから？　ご冗談でしょう。秀吉ほどの人物が、家康の世を忍ぶ仮の姿に、気づかないわけはない。自分がいなくなったら、家康は信長と同盟を結んだ頃からの律儀者の仮面を直ちに脱ぎ捨て、天下人になるべく動き出すに違いない。秀吉はそう見通していたと思う。秀吉だって、織田家から天下を奪った。宣教師が「もっとも信長に似ている」と評した信長三男の信孝は殺している。家康が同じことをしても、道義的には責められないし、まだまだ戦火がくすぶり、価値観が揺れ動くあの時代は、そうした下克上があっても不思議はない激動期だったわけです。

なぜ秀吉は？　そこでぼくはどうしても、安易だなあと自分でも思ってしまうのですが、秀頼の出生に意識が向いてしまう。

❖天下人たる秀吉の孤独

秀吉自身は、秀頼が自分の子だと確信していたか？　いや、そんなはずはない、と思います。専制君主という存在は、今も昔も、洋の東西を問わず、猜疑心《さいぎ》がものすごく強烈です。友人は信じない。家臣も信じない。「苦労はともにできるが、富貴を分かち合うことはできない」という君主は枚挙にいとまがない。中国を見てください（あえて中国史、とは書きません）。新しい王朝が樹立されると、ついで必ず、功臣の粛清が行われる。だから越の勾践《こうせん》も、漢の張良も、智恵のある功臣は、栄達を求めずに姿をくらますのです。能力があればあるほど、疑惑の眼差《まなざ》しを向けられるから。まあ、日本は中国ほど激烈ではないですが。

秀吉もまた、猜疑心が強烈です。長年苦楽をともにした「軍師官兵衛」こと黒田如水は、朝鮮出兵の折、讒言《ざんげん》する人がいて、危うく失脚するところだった。子飼いの中の子飼い、加藤清正も同様です。蟄居《ちっきょ》を命じられていますね。そういえば、天下取り事業に欠かせなかった相談役、千利休は死を賜りました。確実に血の繋《つな》がった甥《おい》の秀次は、一族皆殺しにです。晩年の彼は、だれの忠告も聞かない、「狂王」そのものです。

その秀吉が、秀頼の出生を疑わない？　あり得なくないですか？　ぼくは分かっていたと思う。あの子はオレの子ではない。でも、後継者がいなかったら、オレはなんのために天下人になったんだ。なんのために「豊臣家」をつくったんだ。その思いが強烈だったから、自分で自分を騙《だま》し続けた。秀頼はオレの子だ、と殊更に大声で、内外に表明し続けた。そんなところではないでしょうか。

秀頼はかわいいのお、豊臣政権はこの子に渡すぞ、と常に自分にウソをついている。だけど、それは、ときに自らを深い絶望に誘う。

徳川内府を討たねば、豊臣家は滅びる。ではどうするか、準備を整えて対処しなくては。分かっている。分かっているのだけれど、いざ行動に移そうとすると、そういう時にこそ深い絶望が甦《よみがえ》ってきて、疲労感にとらわれてしまう。このままではいかん、と知りながら、先延ばし先延ばしにして、気がつけば自身は臨終の床にいた。もはやできることといえば、秀頼と豊臣家の延命を祈るだけ。それが家康への「頼みまいらせる」という懇願だったのではないでしょうか。

まあ、これはぼくの感想です。科学的な論文にはできません。でも、ありそうかな、とは思っています。みなさんはどう思われますか？

徳川家康——子だくさん武将の真意はどこに⁉

豊臣家の次は、徳川家康についてみていきましょう。家康の人生を追っていくと、どうにも理解しがたいことが一つあります。それは浜松時代の家康の私生活なのです。織田信長と同盟を結んで三河国の平定に成功した家康は、永禄10（1567）年6月、長男竹千代（9歳）を信長の娘である徳姫（同じく9歳）と結婚させ、父祖から受けついだ岡崎城を竹千代に譲ります。それで自分は新たな領国となった遠江国《とおとうみのくに》の浜松城に本拠を移すのです。7月、竹千代は元服。信長より「信」の字を与えられて、信康と名乗ることになりました。

さて、理解しがたいといったのは、ここからです。家康はきわめて健康な人です。子どもははっきりと記録にあるだけでも、男11人、女5人。60代で子どもをつくっていますし、多くの側室を抱えていたことからも、人並みの性欲はもちろんあったことでしょう。いや、どう見ても人並み以上ですね。

浜松に移ったときの家康は25歳。女性を欲する盛りですね。正室である築山殿《つきやまどの》は岡崎に残してきている。となると、浜松には側室が複数いて、子どももできたはず、と思いきや、そうではない。次男の秀康が生まれたのが、1574年。後の二代将軍・秀忠が生まれたのが1579年。女子は1575年に、のちに関東の覇者である北条氏直《うじなお》に嫁ぐことになる督姫《とくひめ》が生まれています。秀忠が生まれた段階で、浜松の子どもは３人。しかも秀康は父からなぜか可愛がられず、長く認知すらされなかった。

側室というと、秀康を産んだお万の方。この人は家康に愛されずにひっそり暮らし、やがて子どもの秀康の領国である福井に移り住んで、この地で亡くなっています。督姫を産んだのは、西郡局《にしのこおりのつぼね》。三河で有力だった鵜殿《うどの》氏の女性。この人が家康の愛を独占し、かつ子どものできにくい体質だった、と考えればすべては納得できるのですが、後年の西郡局の処遇はけっして良いとはいえないものでした。彼女は伏見城で没しますが、葬儀を執り行ったのは娘の再婚相手である池田輝政でした。ぼくは脳内で、一度は「西郡局＝家康の実質の正室説」を作ってみましたが、これは否定しないといけません。

秀忠の母親は西郷局。この人は秀忠と松平忠吉《ただよし》の母親で、正室の扱いを受けた人。でも家康と結ばれたのは、秀忠を産んだ年よりさほど前ではないでしょうから、やはり家康の浜松時代の「女性不在」を語る切り札にはなり得ない。

❖夜の生活に積極的になれなかったのは…

戦国時代、「家」はとても大切でした。油断していれば他者に滅ぼされる。ですから戦国大名家の当主にとって何より重要だったのは、家を繁栄させることではなく、家を存続させること。プラスがあればそれはすばらしい限りですが、なによりマイナスのない状態で次代に繋《つな》ぐこと。仮に多少のマイナスがあったにせよ、「ゼロ」になることは絶対に阻止する。それが重要でした。

こういう状況ですと、子どもというのは、可愛い存在である以上に、「家」を存続させるためのカードになります。医療が発達していないので、幼児死亡率はすごく高い。成人しても若くして亡くなることも多い。実際に家康の七男と八男は元服前に、四男忠吉、五男信吉は子どもを残さずに若死にしています。子どもは多いほどよい。それなのに、20、30代の家康は、夜の方にもっとも積極的な年齢だったにもかかわらず、子どもをつくろうとしなかった。なぜなのか。さっぱり分かりません。

一つ考えたのが、「武田怖すぎ説」です。家康が隣接していた大名は戦国随一の呼び声が高い武田信玄でした。信玄の領土拡大にあたっての悲願は、良港の確保だったと思います。それもあって川中島で10年ほど上杉謙信と戦いましたが、さすがに謙信は強い。それで信濃・善光寺平から北上して直江津の港を取ることはあきらめました。その代わりに今川家との同盟を破棄して南進、江尻港と駿河湾を獲得しました。当時の太平洋交易は日本海交易ほどの利潤を生まなかったのですが、まあ、取りあえずは目的達成。そして信玄と武田家は、ここから遠江の徳川家を狙います。

家康は信長と同盟を組みましたが、そのときに家康に与えられた役割は、武田への盾となることでした。ともかく武田は強い。これに対処するためには、岡崎に引っ込んでなんていられない。まずは家康自身が前線の浜松に拠点を移す。それで武田に対処する。

だけど、そうなると、やっぱり武田の攻勢は脅威です。いつ攻めてくるか。どこから攻めてくるか。怖くて夜も眠れない。女性？　とんでもない。そんな気持ちになれるか！　ということで子どもができなかったのではないか。と、ひとまず考えてみましょう。

徳川家康――子づくりは計画的に…を見事に実践!?

前回「武田怖すぎ説」を書きました。でもこれは、生物学の見地からすると、当たらないのかもしれない。というのは、人間だけではなく生き物のオスは死に直面すると「子どもを残したい」という欲求が強くなるというのですね。そこまで考えなくても、武田信玄が恐怖の対象なら、起きてる間は一生懸命、生き残るための仕事をするとして、夜くらいは女性に癒やされたい、と願うのが人間なのかな。そう思うと「武田怖すぎ説」もダメそうですね。

むしろ当時の家康には、とても深く愛する女性Aがいた、と想定した方が自然でしょうか。家康は毎晩、Aに癒やしを求めていたけれど、Aは子どものできにくい体質だった、それで浜松時代の家康には子どもがいない。これでどうでしょう。でも、この説の弱点は、「その後のAさん」なんですね。そこまでAを寵愛《ちょうあい》していたなら、家康が鬼でなければ、時間が経過して中年になったAを大切にするはずです。でも、そうした女性は、うーん、やはり史料には出てこないんです。となると、Aの存在を想定するのにはムリがある。「浜松時代の家康に子どもが少ない」ことに、理由は見つからない、ということですね、今のところは。ただし、「浜松時代の家康に子どもが少ない」を確認することは、実は違うところで威力を発揮します。

ぼくの職場の後輩Bくんは、今の大河ドラマの時代考証に加わっています。Bくんはこの仕事をNHKから依頼されるにあたり、次のようなやりとりがあったとツイッターで公開しています。

B「大河ドラマの時代考証を、ぼくのような若い研究者が務めて良いのですか？　もっと長く研鑽《けんさん》を積んだ研究者の方がふさわしいのでは？」

NHK氏「いえ、私たちは新しい学説を作り出す、最前線の研究者こそを求めています」。要するに、大河ドラマは「何が正しいか」より「何が面白いか」を重視する、ということでしょう。エンターテインメントなのですから、これは正しい。

この観点からすると、分かることがある。来年の大河、「どうする家康」の時代考証としてC氏が起用されている。このC氏の持説というのは、「浜松時代の家康は、岡崎を任せていた長男の信康と激しく対立していた」というものなのです。家康と信康の父と子の激突。これはドラマとしては、面白い。きっと、「どうする家康」は、この説に乗っかってくるでしょう。今から予言しておきます（笑）。

ただし、この説、さしたる証拠はありません。決定的な史料があるわけではない。ぼくは議論はさまざまにするべきだと思いますが、一方で「私は今までと異なる解釈を発見した！」と研究者が前に出るのは違うと思っています。定説というのは先人の学識の結晶です。それを覆すとなれば、相当なエネルギーが必要になる。自分という研究者の名を高めたい、という野心が先行する傾向は好きではありません。

あ、思わずグチをこぼしてしまいました。それで、「家康・信康、対立説」ですが、これは成立しないとぼくは考えます。その第一の証拠が「浜松時代の家康に子どもが少ない」という動かしがたい状況です。

❖…で、家康はどうしたかというと

もう一度確認しますが、その気になれば、家康は「子どもを作れる」人物です。健康で一生のうちに11男5女に恵まれた。60代でも子どもを儲《もう》けていたのですから、これは間違いない。しかも意図的に「子どもを作れる」人だった。性欲とか快楽より「徳川家のため」に子どもを、という冷静な視点をもつ人だった。若き日の家康が未亡人、しかも子どもを産んだ経験のある女性を側室にしたのは、確実に子どもが欲しかったからではないでしょうか。秀忠を産んだ西郷局は、家康の側室になる以前に一男一女がいました。六男の忠輝を産んだ茶阿局《ちゃあのつぼね》にも一女がいました。

なお、五男の信吉と三女の振姫の生母は、武田家に列《つら》なる女性です。家康は信玄を尊敬していたらしく、武田家の再興も視野に入れていたらしい。実際に信吉は武田を名乗っていて、彼が長生きしたら水戸を本拠とする武田家が誕生するはずでした。このことも家康が、客観的に子づくりをしていた証拠になります。

そこで信康が家康に反抗的で、徳川家臣団が浜松派と岡崎派に分裂する因子になっていたとしましょう。家中が真っ二つに割れる、というのはただごとではありません。これは家が滅びる大きな原因になる。たとえば武田信玄は、甲斐（武田）・相模（北条）・駿河（今川）の三国同盟を破棄して駿河に侵攻しようとしたとき、嫡男の義信と意見が合わず、結局は義信に自害を命じました。このとき、義信派の飯富《おぶ》虎昌らを粛清するなど、深刻な対立が生じたのです。

家中を割る愚を犯すなら、家康は信康を廃嫡するでしょう。そのためには家を継ぐ男子を儲けなければ話になりません。当然、先述したとおり、性欲とか快楽とは別に、子づくりに励んでいたに違いない。それをしていない、ということは、家康は信康を信頼していた、徳川家はお前に任せた、と考えていたにほかならないと思うのです。

上杉謙信――「歴史」の見方、伝え方を考えるキッカケとなった武将

一緒によくご飯に行った、飲みに行った、という仲ではありませんけれど、ぼくが敬愛する先輩に山田邦明さんという研究者がいらっしゃいます。史料編纂《へんさん》所（退所時は助教授）から愛知大に移られて、お、いま調べてみたら2020年から同大で文学部長を務めていらっしゃる。学問にすぐれた方は、マネジメントもイケるんですねえ。それなのにぼくときたら……。

山田さんの何がすぐれているかというと、「古文書」に代表される歴史資料を、こんなに面白くみんなに伝えられる方は他にいない、ということです。

古文書って、崩し字で書かれているので、なかなか読めません。そこで数をこなして、「何だかぞんざいに書いてあるけど、ここは文書の決まりとして『恐々謹言』だな」「こういう内容が書いてあったら、次にはこの判断が出てくるだろうな」と予測しながら読み進めていく。こういう方法で読む研究者が多い。

ところが一定数、キチンと書道を会得していて、漢字でも仮名でも、この文字の草書体はこうだ、と頭に入っている人がいる。これができると、史料を読む能力はぐんと上がります。山田さんはこのタイプ。だからそもそも、まずもって文書を「読める」のです。

それに加えて、いろいろな歴史の知識に通暁している。だから、一つの文書の背景を実にビビッドに再現することができる。また、瞬発力に優れているのかなあ、聞いている方の反応を観察し、ニーズに応じて説明の水準を使い分ける。こうなると無敵ですね。というわけで、掛け値なし、ぼくは山田さんの古文書の解説能力は日本一だと思っています。

その山田さんが２０２０年に『上杉謙信』という本を、吉川弘文館の「人物叢書」の一冊として上梓《じょうし》されました。ぼくなんぞがエラそうに評価させていただくと、たいへんな名著です。戦国時代に興味のある方は、ぜひ買ってください。絶対のお薦め！ただし、前もってお断りしておきますが、面白くはありません。え、名著なのに面白くないの⁉　はい、そうなんです。どういうことか、分かりますか？

❖確実な史実に基づく「卒伝」

山田さんは史料編纂所で、『大日本史料』という史料集づくりに携わっていました。現在のぼくも同じ仕事をしています。『大日本史料』は『日本書紀』からはじまる六国史の後をうけ、仁和３（８８７）年から慶応３（１８６７）年までの約９８０年を16の編に分けて編纂します。山田さんは第11編、ぼくは鎌倉時代中・後期の第５編です。叙述スタイルは「編年体」で、○年○月○日にはこんなことがあった、あんなことがあった、と記していく（コレとは異なるやり方が、司馬遷の『史記』のような「紀伝体」）わけですが、ここでは確度の順に史料を記載していきます。ぼくが従事している第5編はそもそも情報量が少ないので、うそ・でたらめはめったにありません。でも戦国時代ですと、さまざまな臆測が飛び交うわけで、確度の選定は難事業です。

また、有名人（天皇、将軍、上級公家、有力大名など）が亡くなるところに差し掛かると、「卒伝」というものをまとめます。その人がどういう生涯を送ったか。ここでも史料の信頼性が大切になる。鎌倉時代の公家についてならば、『公卿補任《くぎょうぶにん》』という史料をもとに、その人の昇進の経路をまとめる。また、時々の儀式でどんな役割をしたかを詳述する。加えて、『古今著聞集』『徒然草』などの説話集がその人に言及していれば、そのエピソードもしっかりと書き加える。まあ、鎌倉時代なら、慣れてしまえば作業としては、面倒ですがそう難しくありません。

ところがこれ、戦国時代以降ですと、話ががらっと変わってくる。江戸時代の人々は「歴史に学び、歴史を楽しむ」ということを知っていました。とくに武士階層は、戦国時代の武将の生き方や合戦の様子に興味津々。庶民も講談や手軽な読み物で、歴史をエンタメとして楽しんだ。そのため、たとえば真田信繁という浪人（10万石の大名家の庶子ですので、もらったとして5000石くらい？）が、「タヌキおやじ」徳川家康をあと一歩のところまで追い詰める英雄・真田幸村に化けるのです。

こうした、後年にまとめられた史料たち。それは同時代のものでないから機械的に捨ててしまう、というなら話は簡単です。でも、そこに真実が投影されているのなら、やはり採りたい、というのが歴史好きな研究者のさがというもの。そのあたりのさじ加減は編纂者によるのだと理解していますが、いや鎌倉時代担当のぼくには、実際のところはよく分かりません。

山田さんはおそらく、「卒伝」を作るつもりで、『上杉謙信』を書かれたんじゃないかな、とぼくは想像します。それも、ともかくストイックに、確実な史実に基づいての「卒伝」です。その結果として、同書には物語的な要素がありません。それどころか、秩序を重んじ、弱きを助け強きをくじく、「義の人」謙信がどこにもいないのです。

もう一度くり返しますと、山田さんはなにしろ歴史的なエピソードを膨大に頭に入れていて、しかもそれをどう利用したら話が盛り上がるか、演出のすべも熟知していた。にもかかわらず、確度の低い史料を拠《よ》り所にする方法を敢《あ》えて捨て、信頼できる上杉謙信像を叙述した。著者が一歩引くことで、これからずっと安心して参照できる歴史資料を社会に提供する。歴史研究者として、とても立派な仕事だと敬服します。ただし、本コラムは山田さんの姿勢とは真逆で、ぼくの思いを前面に押し出して書く、というものです。次回は、山田さんのお仕事も念頭に、ぼくなりの謙信のイメージを書いてみたいと思います。

上杉謙信——信念を貫き通した義理堅い武将

上杉謙信というと、義理を大切にする「義将」のイメージがあります。私利私欲では動かない。いたずらに領地を拡大しない。欲望を遠ざけ、妻を娶《めと》ることもしなかった。そんな清らかな謙信像が定着していて、いまなお大変に人気があります。とくに地元では彼の人気は絶大。

ぼくはかつて新潟県の上越市で「上杉謙信の義について」と題して、彼が模索していた国家秩序のありようについて講演したことがあるのですが、講演に先だって主催者サイドから、「上杉謙信ではなく、上杉謙信公、にタイトルを変えてほしい」と頼まれ、了承した（せざるを得なかった）ことがあります。

けれど、少し考えてみると、おかしいですよね。たしかに川中島の戦いまでの彼は、関東に何度も遠征しながら、領地を拡大しなかった。でも晩年の彼は北陸に兵を進め、能登半島や加賀にまで支配地域を拡大している。だからこそ、有名な「九月十三日陣中作」の詩が成立するのです。「霜は軍営に満ちて、秋気清し。数行の過雁《かがん》、月三更《さんこう》。越山併せ得たり、能州の景。遮莫、家郷遠征を思うを」。領土欲はなかったはずなのに「併せ得たり」って言っちゃってますね。まあ、この詩は頼山陽《らいさんよう》の『日本外史』に収録されていて、実は山陽が作ったものとの説があります。ですので、この詩を論拠とするわけにもいきません。でも、そこを突破口として、彼の生涯を従来と違った視点で見ていくことは可能です。そうすると、謙信の本質が見えてくる気がします。

今回、この詩を用いるにあたり、ネットを見てみました。すると、なんだかなー、ヘンな訳がまかり通っている。「遮莫、家郷遠征を思うを」の部分。遮莫は「さもあらばあれ」と読んで、「それはさておいて」、の意味です。いかにも漢詩ならではの表現。これを多くの人が、故郷では遠征中の私たちを心配しているだろうが、そんなのは「遮莫」、どうってことはないのだ、と訳している。

違うでしょ。わが上杉軍は能登にまで進んだ。達成感に満ち満ちて、いや実にいい夜だ。「それはさておいて」、故郷の家族は、遠征している私たちを心配しているだろうなあ。そう訳さなければ、詩の趣が成り立ちません。

❖二度の上洛を支えた「信念」

上杉謙信は享禄３（１５３０）年に、越後守護・上杉家に仕える越後守護代・長尾為景《ためかげ》の四男として、春日山城（新潟県上越市）に生まれました。14歳で元服し、景虎を名乗りました。当時の越後は形式的なトップが守護の上杉定実《さださね》、国内をまとめるべき守護代が長兄の晴景でした。ですが晴景の統治能力に不満をもつ国人たちが、卓越した軍事能力を見せ始めた景虎のもとに集まり、兄弟は相争うことに。

天文17（1548）年末、上杉定実が調停し、晴景は景虎を養子として引退。春日山城に入った景虎は19歳で家督を相続し、守護代になりました。またその1年余り後、定実が後継者のないまま死去したため、景虎は室町幕府から越後守護の代行を命じられ、実質的な越後国主になりました。その後、反乱の鎮定に各地を奔走し、22歳のときに国内の統一を成し遂げました。

天文21（1552）年、関東管領・上杉憲政が小田原北条氏に圧倒され、景虎を頼り越後へ逃亡してきました。またこの年から翌年にかけて、信濃の諸将（小笠原長時や村上義清ら）が武田晴信に領地を奪われ、景虎に救いを求めてきます。ここに至って、景虎は毎年のように出兵し、関東と信濃で強大な北条氏、武田氏と戦うことになりました。

二正面作戦が愚策であることは、みな知っています。それなのに、なぜ景虎はあえて強力な北条、武田と激しく争う道を選択したか。武田に関しては、地理的な条件が大きく影響していたのでしょう。彼の本拠は春日山城。現在の長野市の北方にあり、さほど離れていません。武田の信濃支配、就中《なかんずく》、北信濃の善光寺平の領有が安定してしまっては、いつ攻めてこられるか分かったものではないのです。

ならば本拠地を移すか。越後は北の方から、下越・中越・上越に分類される細長い国です。春日山城は上越にあり、越中（富山県）側に偏りすぎている。越後を効率的に治めるためにも、新潟市あたりに本拠を移した方が良いはずです。

それをしなかったのは、新しい本拠地づくりは大変というのもあるでしょうが、「直江の津」を守るため、でしょう。越後は良港・直江津から越後産の青苧《あおそ》（からむし。軽くて丈夫な衣類をつくる素材。のち木綿に取って代わられた）を京や他の城下町に出荷し、多くの富を得ていました。この「金の卵を産むニワトリ」を手放すなど下策だったし、そもそも春日山城は直江津を防衛するための城だったのです。また山岳地を領国とする武田は、北信濃の制圧に成功したら、そこを兵站地《へいたん》（善光寺平の生産量は10万石くらい）とし、海と港を求めて春日山の攻略に乗りだしてきたでしょう。両者が戦うことは、必然だったのです。

とすれば、関東への出兵はやめる、もしくは最低限に控える。それが現実的な対応だったはずです。ところが景虎は、北条氏康と敵対した。ここが、後世から見ると、理解できない。北条氏の勢力はまだ上野《こうずけ》を呑《の》み込むところまで到達していない。情勢は北信濃方面ほどは切迫していないのです。ではなぜ？……こうして状況を整理してみたときに、ぼくの中にある仮説が浮上してきました。景虎は上杉の名跡と関東管領の地位に、過大な期待を抱きすぎていたのではないか。

謙信は生涯に二度、上洛しています。室町幕府、足利将軍という権威を重んじていたのは間違いない。いまでも勲章を無闇にありがたがる人がいる（らしい）ように、こうしたことには個人の好みというものがある。でも戦国大名はいわば公人です。「食うか食われるか」の時代に、自分の趣味・嗜好《しこう》を部下の国人たちと共有するのは容易ではない。当然、なぜ古くさい権威をありがたがるかを、周囲に説明する責任がある。またその説明は、自分が本当にそう考えていなければ説得力が無い。「権威は古びていても、戦国の世に十分な強制力を有し、利益を生む」。それこそは謙信の信念だったのでしょう。

上杉謙信――人々を従えるための「施策」とは

どうやら大きな変化は、永禄3（1560）年5月の桶狭間の戦いより始まったようです。今川義元の敗死により、今川領が動揺した。それは武田と北条と今川の強固な三国同盟を揺るがした。好機到来と見た長尾景虎《かげとら》は上杉憲政をいただき、全軍を率いて関東平野に進出。関東の諸将はこぞって景虎のもとに参集し、軍勢は10万を超えたといいます。実数かどうかは分かりませんが、「いつもの編成」とは一線を画する大軍だったことは疑いないでしょう。

彼はこの大軍を以《もっ》て、北条氏康が立て籠もる小田原城を包囲しました。けれども城は容易には落ちませんでした。このころ、武田信玄は北信濃での蠢動《しゅんどう》を続けていました。それに対抗するためと、小田原陣での士気の停滞を見て、景虎は兵を引きます。その途中、永禄4（1561）年閏《うるう》3月16日、32歳の景虎は鶴岡八幡宮で儀式を執り行い、山内上杉家（上杉の本家です）の家督、それに関東管領職を相続。名を上杉政虎《まさとら》と改めました。彼はこのあとさらに、将軍である足利義輝の一字を拝領して輝虎《てるとら》を名乗ることになりますが、ここからは謙信と呼ぶことにしましょう。

上杉の襲名は、謙信に何をもたらしたのでしょうか。彼が越後に帰ると、関東の諸将は続々と北条に降りました。謙信がやってくると彼のもとへ。越後に戻ると北条に。

関東の諸将のそうした動きは、この後もずっとくり返されます。下野《しもつけ》の唐沢山城を本拠とした佐野昌綱という人物などは、こうした往復を何度もやっている。

北条《きたじょう》高広なんかはひどいもので、彼は根っからの越後人なのですよね。なにしろ鎌倉時代から、越後に本領を置いていたのですから。才能は折り紙付きだったらしく、謙信は彼を厩橋《うまやばし》（前橋）城に置いて、上杉家の上野《こうずけ》支配の要とした。ところが高広は上野で自立した状況を創り出し、関東諸将と同じようにあるときは北条、あるときは武田、またあるときは上杉に復帰、とまさに「表裏比興《ひょうりひきょう》の者」（帰属定かならざる真田昌幸を評した、有名な言葉ですね）ぶりを発揮した。それでも北条も武田も上杉も、いかにも状況次第で裏切りそうな彼を、自陣営に迎え入れたのです。

裏切り者は始末される。それが戦国の習いであったはず。でも高広はそうではない。ぼくは彼の去就を調べたときに、彼はよほど優秀だったので、どの大名家も「始末するより生かして使う方がトクだ」と判断したのだと考えました。でも、高広は元が越後人という意味で特異ではありましたが、他の関東諸将と同じことをしたにすぎない。となると、謙信（信玄や氏康も同じですが）と彼らの上下関係自体を見直さないといけない、と思い始めました。

❖越後を統一も厄介な問題が

武家での上下関係の代表はもちろん主従関係で、これは武家社会を貫くもっとも主要な基軸となります。家来は命がけで（戦場での働きはこれに該当）主人のために働く。主人は家来の土地の権利が侵害されたら、全力で守る。また、家来に新しい土地を配分する。でも関東諸将は謙信のために、命がけで働いていないことは明らか。命がけ、という点では、謙信に従属を申し出たときに人質を差し出すのか、かりに人質を出していたら、陣営を乗り換える都度、彼ら彼女らは処刑されたのか。そこはまだ詰めていません。

人質はともかくとして、こうした状況を踏まえると、関東諸将と謙信には、緊密な主従関係が設定されていなかったのでは、という仮説が容易に成立します。謙信は諸将の自立性を許容する。その代わりに彼らになにがしかの事情があって救援を要請されても、問答無用で動くことはしない。そんな緩い関係であることを両者が認識していたのでしょう。

そういえば、謙信は越後を統一したとはいっても、国人たちを家臣化するのに苦労しています。たとえば、下越の本庄繁長（村上市の本庄城主）は反乱を起こして散々謙信を手こずらせますが、やがて降伏。このときも謙信は彼の命を奪い、本庄氏を滅ぼすことはしなかった。いや、できなかったのかな。「うわ。謙信様はオレたちを虫けらのように思っているぞ、尊重してくれてないぞ」と他の国人に不満を抱かれて、離反されるのが怖かったから。

いや、上杉だけではありません。毛利元就《もとなり》は40年にわたって井上元兼の専横に悩まされていました（元就の書状に明記されています。ただし盛っている可能性はあります）が、我慢に我慢を重ねて好機をうかがい、ようやく井上一族を粛清しました。また山梨県は東部の「郡内」（都留《つる》市など）と中・西部の「国中」とに二分され、また国中でも南部を「河内」（南部町、身延町など）として郡内・国中・河内に三分することがあります。郡内の小山田氏、河内の穴山氏は相対的な自立を確保していました。とくに穴山氏は二代（信友・信君《のぶただ》＝梅雪）にわたって武田本家の女性を妻としています。

そういえば穴山梅雪も小山田信茂も、武田重臣の多くが戦場に斃《たお》れた長篠の戦いで、いち早く退却して命を永らえています。武田滅亡時には織田方に寝返っていて、梅雪は血の濃さから、武田本家を継いでいる。でも注目すべきは、ギリギリで裏切った信茂が「主人を裏切った振る舞い、許しがたし」と判断され、処刑されていること。謙信は命を奪っていない。元就は40年我慢した。けれど織田信長は許さなかった。どこが違うのか。それが問題です。

ともあれ、関東諸将も、越後の国人領主も、謙信にがっちりと従属させられたわけではなかった。わざわざ上洛《じょうらく》してまで将軍から越後国守に認めてもらったこと、上杉を継いで関東管領に就いたこと。謙信にしてみれば、それこそは人々を従えるための主要な手立てだったと考えられるでしょう。そしてこれまでに説明してきた事例からすると、実際には室町幕府の権威は、もはやたいした強制力はもち得なかった、という整理ができるでしょう。

上杉謙信——戦略を転換し北陸の平定を実現

もう一度くり返すと、事態は桶狭間から変化していったように思います。今川義元がまさかの討ち死にを遂げた。そのため、今川領国に激震が走り、今川家の支配力が揺らいだ。武田信玄はこの隙《すき》を見逃さなかった。三国同盟の堅持を訴える嫡男の義信に死を命じ、同盟を破棄して駿河を制圧した。念願の海を手に入れたのです。

信玄がいかに海が欲しかったかを理解する事象が二つあります。一つは駿河支配の拠点を今川が育てた駿府（静岡）ではなく、より港に近い江尻に置いたこと。江尻には信玄がもっとも信任する山県三郎兵衛が城代として赴任しています。今川200年の伝統を誇る駿府より軍港の町・江尻。信玄の狙いがダイレクトに分かります。

もう一つは武田水軍の創設です。山国に領地を有する武田には水軍がありませんでした。そこで信玄は伊勢から、操船にすぐれた武士団をヘッドハンティングしたのです。当時、西洋の傭兵《ようへい》のような存在は、日本には見当たりません。武士集団のスカウトもしません。例外的に信玄は、他国の武士を集団で雇用している。しかも臨時雇いではなく、甲斐《かい》・信濃の土地を提供し、伊勢の武士たちが武田家に根付けるように配慮しながら、武田水軍の創設を図っています。

このように信玄は、「海」を熱望していた。そして、駿河湾が手に入った。となると、無理して直江津を取りに行く必要がなくなるわけです。もちろん、交易についても軍事についても、港の価値としては、江尻の港より直江津の方が数段上です。でも、直江津の港は強敵・上杉謙信が守っている。コストパフォーマンスを考えると、直江津はもういいや、ということだろうと思います。

北信濃（収穫高は10万石くらい）は重臣である春日虎綱のもとで、順調に支配ができている。もし謙信が攻めてきたら、虎綱が海津城で防ぐだろうから、十分に対処できる。直江津は魅力的だが、駿河湾があるし、もはやこちらから手を出す必要はない。武田のそうした姿勢は、謙信にもきわめてダイレクトに伝わったでしょう。

さて、こうした状況下で、謙信はどうしたでしょうか。今までの謙信は、関東管領として雪の三国峠を越え、関東平野に進出し、北条氏と戦った。すると、信濃から信玄が攻めてくる。あわてて帰国し、対応する。このくり返し。同盟関係にある北条や武田と戦う。つまり、戦略的にはきわめてバカバカしい作戦と評される「二正面作戦」を遂行し続けていたのです。ところが、ようやく、武田と北条の間に亀裂が入り、しかも武田は上杉に戦いを挑むモチベーションを失った。いざ、関東管領として、関東を平定するときが来た！

謙信は勇躍、三国峠を越えたでしょうか。そうではないんですね。この頃から、謙信は主戦場を関東から北陸へ移すのです。越中を平定し、加賀へ進み、能登を手に入れる。そこで生まれたのが、先に記した有名な漢詩、「九月十三日陣中作」です。「越山併せ得たり　能州の景」ですね。

❖失敗から学んだ統率の術

なぜ関東ではなく、北陸なのか。理由の一つは関東に行くと、強敵である北条氏康がいるからです。どこの国もそりゃあ、侵略するのは難しい。けれども、北条氏康といえば、信玄と並ぶと評される名君です。政治力がすごい、戦争もうまい。こんなやつを相手にするくらいなら、強大な大名権力のない北陸の方が与《くみ》しやすし。その判断は妥当だと思います。また、何度も言うようですが、北陸は経済的に「おいしい」のです。当時にあっては、日本海交易は太平洋側の交易とは比べものにならないくらい「もうかる」。能登には農地はさほどない。でも良港がある。焼き物の産地でもある。じゃあ、北陸に進出する方が効率が良い。謙信はそう考えたのでしょう。

ぼくはここに、室町幕府的な秩序を併せ考えてみたいと思います。

謙信が「義」を重んじる武将だったことは間違いないでしょう。天皇や将軍に敬意を払い、尊重する。「プロはカネが全て」などと公言できる人（元プロ野球の落合博満選手？）とは対極に位置し、人に頼られれば損得ぬきに救いの手をさしのべる人。そんな風に想像します。

だから彼は、「関東管領」の旗を掲げれば、関東の武士たちがみな従属する、馳《は》せ参じてくる、と本気で思っていたのではないでしょうか。たしかに彼が初めに関東にやって来たときには、10万を称する軍勢が参集したのです。

でも、そのほとんどは、謙信が越後に帰ればすぐさま北条方になびく。旗色を替える。それがリアルなのです。室町幕府が与えてくれる「関東管領」という称号は、もはや強制力を失い、名前だけのものになっていた。謙信は何度も苦杯をなめて、そのことをイヤというほど知ることになったのではないか。

武田信玄は信濃を制圧するときに、幕府が与えてくれる「信濃守護」と、朝廷が与えてくれる「信濃守《しなののかみ》」の地位を入手しています。ですがそれを積極的に強調することはなかった。まあ支配の一助になれば、くらいの軽い気持ちで利用しているに過ぎません。北条氏康にいたっては、全くその手の高位高官には興味を持っていない。

戦国大名の基本は、軍事にしても政治にしても、主従の関係です。主従の関係を結んで、それを強固にしていく。そのときに従属する側が何を求めるか。やはり、土地でしょう。それから、お前が危なくなったら必ず助けに行くからな、という安全保障でしょう。この意味で、雪という制約を負った謙信は、関東の主にはなれませんでした。戦国乱世を生きる武士を従えるにはどうしたらよいか。それを失敗の中で学んだ謙信は、北陸に進出したときに、名ばかりの栄職を名乗ろうとはしていません。

第2章

室町戦国乱世編

浅野長政――権力者に気に入られ続けた生涯

浅野長政は長く「長吉《ながよし》」を名乗っていました。ところが豊臣秀吉の没後に長政《ながまさ》と改名した。このことだけで、歴史を好きな方は「あれ？」と首を傾《かし》げるんじゃないでしょうか。そうした長政の人生を追いかけてみたいと思います。

長政は尾張国春日井郡北野に生まれました。織田信長の弓衆をしていた叔父・浅野長勝の娘と結婚。婿養子として浅野家の家督を相続しました。このとき長勝の養女となっていたのが、のちの北政所《きたのまんどころ》、ねねさんです。彼女は木下藤吉郎（のちの豊臣秀吉）に嫁いだことから、長政は秀吉の姻戚として、信長の命で秀吉の与力（部下）となりました。

天正元（１５７３）年、長浜城主になった秀吉から１２０石を与えられました。信長の死後は秀吉の家来となり、天正11（１５８３）年には近江・大津２万石を与えられました。武勲を挙げるよりデスクワークが得意だったらしく、翌年には京都奉行となり、太閤検地を遂行する責任者になります。また、のちに豊臣政権下の五奉行筆頭になりました。

天正15（１５８７）年、若狭・小浜８万石の国持ち大名に。秀吉が小田原城を攻め落として関東・東北を平定すると、戦後処理に主導的な役割を果たし、東北諸大名と豊臣政権を取り次ぐ職務（申次役《もうしつぎ》とか取次役という）を果たしました。

申次は、豊臣政権と外様《とざま》の大名の、意思の疎通を図る役目です。豊臣政権との関わりをもってこなかった大名たちに、京都・大坂の「常識」を教えるなどして、秀吉との円滑な関係の樹立に資する。そんな役割です。ですから、「指南役」などとも呼ばれました。

余計なことを差し挟まずに、秀吉と新参大名のあいだを取りもつ。その任務に徹すれば申次はシンプルな仕事です。でも、どうも長政は、それだけでは満足しなかった。何だか胡散《うさん》臭いことをやっていたようです。

たとえば下野・宇都宮18万石の宇都宮国綱に子どもがいないことにつけこんで、三男の長重を養子に送り込もうとしたり、伊達政宗に「全ての領地を秀吉様に献上します。私個人は秀吉様の小姓としてお召し使い下さい」などと追従を言わせようとしたり。宇都宮氏後継問題は整いませんでしたが、直後に宇都宮家は改易されています。秀吉への、長政の讒言《ざんげん》があったと噂《うわさ》されました。政宗のほうは「秀吉様を良い気分にさせる追従だとしても、とてもムリだ。領地や家来を捨てるなど、冗談でも言えるわけないだろう。あなたとはもう絶交だ」と大激怒。浅野家と伊達家は断交。江戸時代に、両家と親戚関係を持つ大名が取りなそうとしましたが、ダメ。平成の世にやっと仲直りができたそうです。

❖秀吉亡き後は家康に接近

文禄2（1593）年、甲斐・府中21万5千石を与えられました。結構な石高ですが、同じ奉行衆の石田三成・増田《ました》長盛は、京都・大坂に近い佐和山・大和郡山で20万石あまり。長政は三成とは不和だったといいますので、秀吉に思うところがあったのかもしれません。

慶長2（1597）年10月7日に常陸の大大名、佐竹義宣は父・義重に書状を書いています。そこに書かれていたのは、宇都宮氏と縁戚関係にある佐竹氏（宇都宮国綱の母は佐竹家の女性）にも改易命令が出されかけたが、石田三成の取りなしによって免れたこと。私・義宣は上洛《じょうらく》して直ちに秀吉に挨拶《あいさつ》すべきだが、浅野弾正《だんじょう》（長政）の使者が宇都宮領の調査に向かっているので、その者に覚《さと》られないよう、ひそかに上洛するように、と三成から指示を受けたこと。この二つです。この中味から見ても、同年の10月13日に宇都宮国綱に突如として下された領地没収の沙汰に、長政の関与があったこと、加えて、三成と長政は意見を異にしていることがうかがえます。

秀吉が亡くなると、先述のように、長政は「吉」の字を捨て、名を改めます。何だか、秀吉との訣別《けつべつ》を内外に示したように見えます。そして彼は、家康に接近していきました。

そうすると、どうにも引っかかるのが、慶長4（1599）年に前田利長に家康暗殺の動きあり、という告発です。結局、利長が土下座外交を展開して「前田に罪なし」とされ、では告発は虚偽だったのか、という話になりました。このとき長政が受けた罰は、家督を息子の幸長《よしなが》に譲り、武蔵・府中で謹慎せよ、ということだけ。これでは家康と長政はグルだったのでは、と勘ぐられても仕方がありません。

関ヶ原の戦いでは浅野親子は東軍に属し、活躍しました。戦後、幸長はこの功績により紀伊・和歌山37万石へ加増転封されます。長政は家康に近侍し、慶長10（1605）年には2代将軍・秀忠の補佐につきます。翌年、幸長の所領とは別に、常陸・真壁5万石を隠居料として与えられました。秀忠にも気に入られたようです。

慶長16（1611）年4月7日、長政は真壁陣屋で死去しました。享年65、真壁5万石は三男・長重が継いで別家を立てました。この家がのちに播州・赤穂に移り、赤穂義士たちに仇《かたき》を取ってもらった、浅野内匠頭《たくみのかみ》が殿様になるのです。

増田長盛——詳細不明だが、それなりの地位を確立

前回、浅野長政を書きました。そこで同じく五奉行だった増田長盛を書こうと思ったのですが、この人、まったく分かりません。どんな人だったのか。だいたい、名前からして「?」。ふつぅ「増田」なら、「ますだ」でしょう。それが「ました」。「ま」にアクセント。なぜ?　これは推測がつきました。彼は現在の愛知県稲沢市増田町の生まれだそうです。それでその土地、「ました」と読むらしい。浅井長政をいま「あざい」と読む人が多いですね。それと同じ理由のようです。

もっと大事な、ぼくが前から疑問に思っていること。それは何度か言及している、慶長4（1599）年に起きた加藤清正・福島正則ら諸将による、石田三成襲撃事件です。これ、「武断派」大名が「文治派」の三成を襲った、と解説されているんですが、なぜ三成一人?　豊臣政権を動かしていた奉行衆を「文治派」と呼ぶのならば、なぜ長盛や浅野長政は襲われなかったのか。「文治派」vs.「武断派」というなら、組織とかシステムの問題です。でも、三成個人が気にくわないというなら、三成一人に問題がある。これは混同してはならないように思います。

長盛の人生を簡単にさらっていくと、尾張国中島郡増田村に生まれました。父母、先祖は不詳。28歳の時に長浜城主だった羽柴秀吉に仕えます。それまで何をやってい

たかもよく分からない。秀吉に仕えてからは、もっぱらデスクワークで実力を発揮します。戦場に出ても、彼の役割は補給部隊。槍《やり》を振り回し、敵をバッタバッタと……的なイメージはありません。でも、秀吉が好むのはこういう武士。順調に存在感を増していき、ついには大和・郡山で20万石。デスクワーク派の中では、石高は浅野長政、石田三成と並びます。浅野領は甲斐で京都・大坂から遠いですから、サラリーからすると、長盛と三成が双璧といっても過言ではありません。もちろん、五奉行の一人です。

関ヶ原の戦いでは西軍に属しましたが、西軍の様子を、逐一徳川家康に知らせていたらしい。彼の情報は東軍の利益になったでしょうが、家康はこういうのを評価しないのですよね。結局、戦後に取り潰し。その身は岩槻にお預けになりました。彼の後継者の盛次は尾張徳川家に仕えていたのですが、豊臣家への思いが断ちがたかったらしく、大坂夏の陣では大坂城に入城し、戦死しました。その罪は親の長盛にも及び、自害を命じられました。享年71。武家としての増田家は断絶したようです。

❖デスクワークで本領を発揮した⁉

こう見ていったときに、気がついたのは、彼は年齢が清正や正則、三成よりも10歳くらい上なのですね。浅野長政よりも2歳年長。当時の彼は55歳の事務系です。くたびれたおっちゃんですので、清正たちも敵認定しづらいという面があったのでしょう。しかも関ヶ原の戦いの時に家康に対し、抜け目なくスパイとしての役割を果たしているところからすると、清正や正則にも嫌われぬよう、物を贈るなり、ねぎらいの言葉を欠かさぬなり、うまく立ち回っていたのではないでしょうか。

三成は、たとえば源頼朝没後の梶原景時のように、彼自身の活動ゆえに清正や正則の憤激を買った。しかも清正は、いつかお話ししようと思っていますが、本領はデスクワークにあったのです。槍を振り回すのもできますが、けっして「脳ミソまで筋肉」ではないんですね。それを踏まえると、あの事件は、「武断派」vs.「文治派」ではない。豊臣政権内の宿命的な組織内分裂、ではないと考えます。

それから、増田家の軍事。浅野長政は彼自身は戦うのは苦手でしたが、息子の幸長《よしなが》が兵を率いて戦場を疾駆していた。石田三成は自分に軍才がないのを熟知していたから、島左近や蒲生郷舎《がもうさといえ》、舞兵庫《まいひょうご》といった名のある武士を家臣として、「石田家の武」を構築し、関ヶ原でも敢闘しました。ところが長盛にはどちらもない。まず、息子ですが、先述の盛次。彼が父親の代わりに戦場に出た、という話はありません。大坂の陣でも武将ではなく、一武人。関ヶ原の戦いの時は、父親とともに大坂城に詰めていました。軍事指揮官としての器量はないようです。では勇猛な家来で補うのはどうか？

渡辺勘兵衛という槍の名手がいました。戦働きに秀で、秀吉の小田原攻めの初戦、山中城を落とした戦いで大手柄を立てます。秀吉は「１万石はかたい」と褒めてくれましたが、主人の中村一氏が提示したのは６０００石。それを不満に思い、勘兵衛は中村家を浪人します。その彼をスカウトしたのが長盛で、４０００石で召し抱えました。関ヶ原では郡山城の留守居を任せたところ、勘兵衛は見事な働きを示しました。増田家が取り潰しにあった後、藤堂高虎は彼を２万石で召し抱えました。

石田三成はやはり２万石で島左近を家臣にしたといいます。彼は佐和山19万石。高虎は今治城主で20万石。それで２万石を出した。本拠・郡山を預けるのですから増田家の武人ナンバーワンは勘兵衛でしょう。そのサラリーが４０００石。増田家は根っからの文系だったのでしょうね。けっして悪いことではありませんが。

青木紀伊守——秀吉と血縁関係にありながらも地味な存在

浅野長政を取り上げたとき、豊臣秀吉の血縁者がどうにも気になり出しました。元々が農民の出である秀吉の血縁者ということになると、信頼の置ける系図がまず使えません。そうした難点を覚悟した上で、秀吉と血の繫がりがある、といわれている武将を挙げてみると、このようになります。

福島正則　母は大政所《おおまんどころ》の妹。秀吉と正則はいとこ
加藤清正　母は大政所といとこ。秀吉と清正はまたいとこ
浅野長政　妻同士が姉妹
青木一矩《かずのり》　越前・北ノ庄城主（8万石とも20万石とも）。母が大政所の妹。娘にお梅の方
小出吉政　母は大政所の妹。有子山（但馬・出石）城主、岸和田城主。6万石くらい

このうち今回取り上げるのは、青木一矩です。ただし、この一矩という名前、よくわかりません。彼の自筆の文書の署名部分が、高柳光寿という碩学《せきがく》の言われるとおり、よく読めないのです（芸能人のサインと同じ）。こういうことには抜群に強い黒田基

樹さんは、「重吉」と読んでいます。秀吉の縁戚者が「吉」の字を使うのはありそうなのですが、いま少し慎重になって、「紀伊守《きいのかみ》」としておきます。

秀吉の書状には「われらおばのきのかみはゝ」の文言があります。このことから、紀伊守の母が秀吉の叔母であることは間違いないらしい。けれども、それが高柳先生が言われるように秀吉の「母方の叔母」なのか、それとも黒田さんの説のように「父方の叔母」なのかは判然としません。紀伊守は武人としての経歴を秀吉の弟である羽柴秀長の部下としてスタートしています。秀長は異説はあるものの、秀吉の異父弟と考えられています。すると、秀吉にとっても秀長にとっても、「母方の叔母」の方が都合が良いんじゃないかな。

彼は今書いたように、もともと秀長の部下でした。賤《しず》ケ《が》岳《たけ》、紀州征伐、四国征伐などに従軍し、1万石。『武家事紀』という史料には秀長家臣の筆頭に列せられ「秀長ノ輔佐タリ」とあります。秀長家中として藤堂高虎とは同僚だったと思われますが、やがて秀吉に仕えるようになり、越前・大野を与えられました。8万石まで加増されています。また越前・府中に移り、10万石。

❖子孫は各所で痕跡を残す

秀吉の没後、その葬儀には福島正則とともに秀頼の名代を務めました。正則、紀伊守は秀吉のいとこになりますので、血縁重視の人選だったのでしょうか。五大老による合議が始まると、徳川家康以下の署名を以《もっ》て、北ノ庄20万石に封じられます。この人事の背景にどういう意図があったのかは、今のところ謎と言うほかありません。

仮に五大老の中で主導権を握っていたのが家康として、この頃の家康は前田利家と対立していましたから、利家との戦いを念頭に青木紀伊守に恩を売り、金沢包囲網の一端を担わせたのでしょうか。いやあ、自分で書いていてもまるで納得できません。

ただ、家康は紀伊守の娘のお梅を側室にしているのです。いつ、どこで見初めたのでしょうか。大坂かあるいは伏見か。当時の家康は福島正則・蜂須賀至鎮《よししげ》らと縁組みをしたり、小早川秀秋・細川忠興に所領を与えたり、なりふり構わず家康グループの拡大に腐心していました。青木家にもそうした目的で接近し、お梅の方の側室入り、所領の加増が実現したのかもしれません。

けれども結局、関ヶ原の戦いでは、青木家は東軍としては行動しませんでした。どうも旗幟《きし》を鮮明にしないまま戦いが終わり、紀伊守は10月10日に病没。青木家は取りつぶしになります。しかし、青木家の歴史は終わりません。

紀伊守の子どもが俊矩《としのり》。その娘が木村重茲《しげこれ》に嫁いでいました。木村重茲は山城・淀《よど》で18万石を領していましたが、豊臣秀次事件に連座し、自害を命じられました。俊矩の娘はしばらく隠棲《いんせい》していましたが、やがて許され、豊臣秀頼の乳母になります。彼女は宮内卿局《くないきょうのつぼね》と呼ばれるようになり、彼女の息子が有名な木村重成です。ちょっと年齢が合わない気がしますが、俊矩は紀伊守の猶子であったとの説もあって、もしかすると宮内卿局は紀伊守の娘なのかもしれません。秀吉の血縁者なので彼女が秀頼の乳母となった、乳母の政治力は軽視できない（春日局を想像してください）ので、その実家の青木家が北ノ庄20万石に加増された、というのはありそうな話ですね。

大坂の陣では、木村重成は大坂方の大将の一人として奮戦しました。また俊矩の息子、久矩は重成の部下として戦いました。夏の陣の若江堤の戦いにおいて、二人は戦死します。いま二人の墓は、隣り合わせに建っています。宮内卿局もまた、大坂城が落城した際に、秀頼と運命をともにしました。

おまけとして、お梅の方のその後を。家康と彼女は45歳ほども年が離れています。さすがの家康も若い彼女を不憫《ふびん》に思ったのか、第一の側近である本多正純に嫁がせました。彼女は徳川幕府の権力を掌握する正純の継室として何不自由なく暮らしていたのでしょうが、元和8（1622）年、夫の正純が失脚。横手（秋田県横手市）に流されてしまいます。お梅の方は剃髪《ていはつ》してやがて伊勢・山田に住み、62歳で亡くなりました。

山口宗永――秀吉の厚遇を受けるも最期は非業の死

日本史学は文系の学問なので、理系学問のように「みごとに証明できた！　Q.E.D.」ということはあまりないのです。でも、長い研究者生活ですので、文書の様式をいじったり、複数の系図をつきあわせたりしながら、ぼくなりのやり方で、証明できた！　ということはもちろんある。それから、おお、なるほど、と歴史雑学の小ネタを取得しながら、新しい理解に到達できたこともある。今回は山口宗永についてです。

a　法性院機山徳栄軒信玄
b　不識院殿真光謙信
c　龍光院殿如水円清大居士
d　瑞峯院殿前羽林次将兼左金吾休庵宗麟大居士
e　福厳院殿前丹州太守梅岳道雪大居士
f　泰勝院殿前兵部徹宗玄旨幽斎大居士
g　月光院殿照葉宗滴大居士

と並べてみましたが、これ、なんだか分かりますか。戦国時代に生きた有名な人物の戒名もしくは法名（法号）です。彼らは諱《いみな》よりも法名の方が有名です。

彼ら、というのは（カッコ内に諱）、aが武田信玄（晴信）、bは上杉謙信（輝虎）、cは羽柴秀吉の軍師という黒田如水（孝高）。ここまではすごく有名。dはキリシタン大名ですが、戒名があるんですね。大友宗麟《そうりん》（義鎮《よししげ》）。eはその宗麟に仕えた立花道雪（生前、彼自身は戸次《べっき》姓を用いた。だから戸次鑑連《あきつら》となる）。fは武家きっての教養人、細川幽齊（藤孝）。最後のgは「武士は犬ともいえ畜生ともいえ、勝つことがもとにて候」という激しい言葉を残した朝倉宗滴（教景《のりかげ》）。

法則性はお分かりでしょうか。生前に名乗っている法号は、死後の戒名の中に入っている、ということです。法号というのは、髪を剃《そ》って仏に仕える姿になったときに名乗る名前です。死後、仏式の葬式を出して、仏様に引導を渡してもらうのが戒名。とすると、法号が戒名にも用いられるのは、ある意味自然なのかな。こういう知見が、前述の「歴史雑学の小ネタ」です。

❖山口家の命運を変えた関ヶ原の戦

そこで山口宗永ですが、彼の名は通常、「やまぐちむねなが」と読まれています。でも違うんじゃないか。塩崎久代さん（石川県立歴史博物館）に教えていただいたことですが、京都の誠心院というお寺（彼の父である甚介が移築に関わった）に伝わる宗永の戒名は、「松元庵珍山宗永大居士」。おお、「宗永」が入っている！　ということは、宗永は諱「むねなが」ではなく、法号「そうえい」に違いありません。しかも彼には「正弘」という名が伝わっていて、息子の名が「修弘《ながひろ》」に「弘定」。「弘」が通《とお》字《じ》だとすると、「正弘」＝「まさひろ」が彼の諱なのでしょう。

どうです、この証明はとても鮮やかでしょう？　説得力があるでしょう？　自分では満足だったのですが、そうでもないのかな……？　というのは、辞典のたぐいは、全く参照してくれてないんですよね……。

うん、気を取り直していきましょう。では山口宗永とは、どんな人物か。彼の父は山口甚介（諱は「禅定寺文書」によると、秀康らしい）。宇治田原に小さな城と領地をもつ武士だったようです。甚介は京都の公家のもとに出仕し、足利義昭に仕え、義昭が没落すると織田信長に服属しました。南山城《やましろ》のさほど大きくない領主、というイメージでしょうか。

本能寺の変が起きると、彼の周囲がにわかに騒がしくなります。堺に遊んでいた徳川家康の一行が保護を求めてきたのです。甚介はこれを受け入れることに決しました。また、彼の娘婿、山口光広の実父が南近江の信楽の領主である多羅尾《たらお》光俊だったので、光俊と連絡を取り、光広を案内役として、一行を光俊の小川城に送り届けました。そのあと光俊は信楽・甲賀の武士を警護役として家康を伊勢・白子の浜に送り届け、家康はこの地から舟で常滑《とこなめ》に渡り、三河に帰りました。これが世にいう「神君・伊賀越え」です。甚介が狡猾《こうかつ》に立ち回れば、ひとたびは油断させておいて、家康主従を討ち取ることもできたでしょう。その上で明智光秀に臣従を申し出れば、一人でも味方が欲しかった光秀は、厚遇してくれたに違いない。でも、山口家はそのあと、滅びていません。結果から類推すると、甚介は家康の命を助け、秀吉の家臣となる、という道を選んだのでしょう。

甚介の実子である宗永は、このあと秀吉に仕え、重く用いられました。秀吉の養子であった羽柴秀俊が小早川家に養子に出る（筑前名島35万石。後に秀秋と改名）と、その付け家老に任じられました。秀俊改め秀秋が朝鮮の陣で失態を犯して越前北ノ庄15万石に左遷されると、宗永は独立大名に取り立てられ、加賀・大聖寺6万石を与えられました。ここで宗永は、小松の丹羽長重の「おとなりさん」になったのです。

慶長5（1600）年8月、来るべき畿内での戦いに参加するため、金沢の前田利長は2万の大軍を催して出陣しました。彼は徳川家康の東軍に属していましたが、近隣の丹羽長重、山口宗永は西軍でした。前田勢は堅城と名高い長重の小松城には攻めかからず、スルーして西へ進みました。一方で宗永の大聖寺城は与《くみ》しやすしと判断したのか、総攻撃をかけます。果たして城は一日で落ちました。宗永と嫡男の修弘は戦死。大名としての山口家は滅びています。次男の弘定は生き延びて大坂に仕えましたが、彼も大坂の陣で討ち死にを遂げました。

蒲生氏郷——早くから才に満ち溢れた早逝の武将

お次は蒲生氏郷《うじさと》。東北地方、会津の太守です。彼は弘治《こうじ》2（1556）年、近江国蒲生郡は日野の地に、六角氏の重臣・蒲生賢秀《かたひで》の三男として生まれ、幼名は鶴千代といいました。永禄11（1568）年、父は鶴千代を人質に差し出して織田信長に臣従しました。信長の周囲には、家臣の子弟や人質など、多くの子どもたちがいましたが、氏郷はその中にあって、抜群の器量を示していたものと思われます。だからこそ、信長の娘と婚姻の約束を取り付けたのでしょう。年齢でいうと12、3歳くらい。現代の中学受験の子たちを見渡すと、いますね、そういう才能がキラキラしている子。ぼくの経験からすると、彼らは「やせ馬の先走り」で終わらず、しっかり自分の地歩を築いていています。

永禄12（1569）年の南伊勢大河内城の戦いで初陣を飾り、みごとに敵の首級を挙げます。戦後、信長の次女を伴い、日野に帰国しました。元亀《げんき》元（1570）年4月、氏郷は父・賢秀と共に柴田勝家の与力となり一千余騎で参陣。この数字が確かであるなら、この頃の蒲生氏は5万石くらいの小大名だったことになります。

この後、信長の数々の戦いに従軍していますが、大きく加増されている様子はありません。本能寺の変に際しては速やかに信長の一族を保護して明智光秀に対抗する姿勢を見せ、中国から急ぎ帰国した羽柴秀吉に従っています。明智に抗する行動が秀吉に評価され、のちの抜擢《ばってき》に繋がったのかもしれません。

秀吉と徳川家康が戦った天正12（１５８４）年の小牧・長久手の戦いでは、織田信雄の領地であった伊勢に侵攻し、戦功を重ねました。同年８月の菅瀬合戦という戦いでは、敵の侵入を知らせる銃声を聞いた氏郷は、軍勢も揃《そろ》えず伊勢松ヶ島城の外に打って出ました。敵の木造氏は以前からの戦いで氏郷の行動を熟知していました。そのため鉄砲で狙撃、氏郷の鯰尾兜《なまずおのかぶと》に弾丸が三つも当たったといいます（『氏郷記』『勢州軍記』）。そうした奮戦ぶりが認められ、戦後、松ヶ島（のち松阪）12万石を与えられました。またこの頃、大坂のオルガンティノ師から洗礼を受け、レオンを名乗りました。

❖跡継ぎ不足で家が絶える悲運も

この後も秀吉の戦いに従軍して勝利に貢献したことを以《もっ》て、秀吉の全国統一事業が終了すると、天正18（１５９０）年、伊勢より奥羽の中枢・会津黒川に移封されました。石高は42万石。奥羽守護の任務をよく果たしたので、この石高は加増され、92万石までになりました。氏郷は黒川城を上方風に改築し、７層の天守を建てました。また、城下町を整備し、町の名を黒川から若松へと改めています。商業政策を重視し、旧領の日野・松阪の商人を若松に招聘《しょうへい》し、定期市の開設、楽市・楽座の導入、手工業の奨励等の政策を実施。江戸時代の会津藩の発展の礎を築いたのです。

文禄元（1592）年の文禄の役では、会津からはるばる肥前名護屋城へと参陣しています。この陣中で氏郷は体調を崩し、翌年11月に会津に帰国。しかし病状は一向に良くならず、文禄3（1594）年春に養生のために上洛《じょうらく》。10月25日には秀吉をはじめ諸大名を招いた大きな宴会を催しました。今生の別れが彼の念頭にあったのでしょう。文禄4（1595）年2月7日、伏見の蒲生屋敷において病死。享年40でした。病名としては、直腸癌《がん》、肝臓癌が疑われています。

彼は先述のように信長の娘を妻としていましたが、妻への遠慮があったためか、あるいは一夫一妻を説くキリスト教の影響を受けてか、側室を持ちませんでした。この辺りの状況は、彼の親友である前田利長といっしょです。このため、彼には男子が少なく、結局、江戸時代の初めに、蒲生家は跡継ぎ不足で家が絶えています。

氏郷は茶人としても有名です。千利休の高弟を利休七哲というかたちで数えることがありますが、彼はその筆頭です。細川忠興、高山右近、古田織部らを差し置いての第一席です。ただし、ここには少々事情があるのかもしれません。利休が秀吉から死を賜った後、彼の子の少庵を庇護《ひご》したのが氏郷で、少庵はやがて許され、表千家や裏千家などの祖となりました。そのため、江戸時代の千家の宗匠は、氏郷の恩に報いるかたちで、七哲を定める際に第一席に置かれたのではないか、とも言われているのです。ただし、氏郷が傑出した茶人であったことも間違いがないでしょう。

蒲生氏郷――今風に言うなら「理想の上司」

氏郷《うじさと》は家臣を大切にしたことで有名です。家臣が入る風呂を自ら薪《まき》をくべて焚《た》いていた、家臣にやたら「蒲生《がもう》」姓をプレゼントして「家中は一つ」とまとまりを演出した、などの話があります。

新しく召し抱えられる武士は殿である氏郷に茶を振る舞われるしきたりがあったそうですが、その際、殿はその武士に言ったそうです。「我が家中には銀の鯰《なまず》尾《お》の兜《かぶと》をかぶって戦う武士がいる。戦場ではこの者がよく動くのだ。そなたもこの鯰尾の武者に負けぬような働きをせよ」

ほうほう、と承って武士が御前を退出する。やがて戦となり、戦場に出てみると、たしかに銀の鯰尾の男が先頭を切って突進していくのです。おう、殿が仰《おっしゃ》っていたのはこれか。なかなかの武者振りじゃ、ともう一度注視してみると、あれ？　あれは殿ではないか！　うむ、見直しても、殿に間違いなし。これはいかん。殿に後れを取らぬよう、わしも出撃しよう！

とまあ、こんな調子だったので、蒲生軍は強かった、といいます。

いま岩手県立博物館に、氏郷の鯰尾兜が所蔵されています。盛岡藩の南部家伝来の兜で、初代藩主となる利直が、氏郷の養妹を妻に迎えたときに引出物として贈られたそうです。ただし、南部家では代々鯰尾と呼んでいたのですが、形態は燕尾形《えんびなり》です。ツバメの尾のように二つに分かれている。鯰尾はタテに長く、分かれていません。このあたり、どうなっているのか、いまだ考慮中です。少なくとも、各地に残る氏郷の像は、すっと長い、鯰の尾のような兜をかぶっています。

このことにこだわったのは、本当に氏郷が家来を差し置いて敵に突進したのか、を考えたいんですね。氏郷といえば、単身突撃、という概念があったようで、『名将言行録』には豊臣秀吉の次のような話が載せられています。「蒲生氏郷の兵10万と、織田信長様の兵5千が戦えば、勝利するのは織田勢である。蒲生勢が織田4千の首を取っても、信長様はその中にはいない。逆に織田側が5人も討ち取れば、必ず氏郷の首が含まれているからだ」。なお、このエピソードは、岩明均《いわあきひとし》氏の『ヒストリエ』にフィリッポス2世（アレキサンダー大王の父）と寵妃《ちょうひ》エウリュディケの寝物語に応用されているのを読み、思いだしました。常識的に考えると、『三国志』の関羽や張飛じゃあるまいし、大将が一騎がけする、なんてことはあり得ないわけです。もちろん、味方の士気を鼓舞するためには、大将はやる気を見せなければなりませんが、自ら突進したのでは鉄砲の餌食になりかねない。

❖つい先頭に立って、敵に向かって行く…

統率者が自ら動いて効果があるのは中隊まで、といわれます。中隊だと兵は200くらい。これくらいな人数であれば、「われに続けー」の声も聞こえますけれど、統率人数が多数になれば、拡声器でもなけりゃみんなに聞こえない。指揮官が先頭に立っていることが、みんなに認識されないのであれば、意味ありません。

ただし、前回触れた氏郷の伊勢での戦歴を思いだしてください。ぼくは「同(1584)年8月の菅瀬合戦という戦いでは、敵の侵入を知らせる銃声を聞いた氏郷は、軍勢も揃《そろ》えず伊勢松ヶ島城の外に打って出ました。敵の木造氏は以前からの戦いで氏郷の行動を熟知していました。そのため鉄砲で狙撃、氏郷の鯰尾兜に弾丸が三つも当たったといいます(『氏郷記』『勢州軍記』)」と書きました。このとき1500くらいを率いていたはずですので、3個大隊くらい？　本当ならば、後方で指揮に当たるべきなのでしょうが、つい自身が前に出ちゃうんだなあ。これは氏郷の特徴、なんでしょうね。

「味方の盆の窪《くぼ》ばかり見てるヤツは昇進できない」。これは徳川家康の言葉だと言われています。盆の窪というのは、後頭部から首の後ろにかけてある、少しくぼんだ部分。戦いの時に、ただ味方の後ろについていて、盆の窪を見ているだけの武者は手柄を立てることはできない。いざというときには先頭を切って戦え、というわけです。悠長な性格と見せて、実はきわめて短気だったという家康らしい言葉ですが、氏郷はこれを実践していた。いつもやる気満々だった。まあ、それが本当に効果的だったか、という疑問が残るわけですが。

あくまで与太話ですが、秀吉が没したあと、だれが天下を取るか、と中堅大名が話したことがあったそうです。みなが「そりゃあ内府殿（徳川家康）だろう」という中で、氏郷は仲の良い前田利家の名を挙げた。上方に撃って出ようとしても、それがしが会津の兵を率いて後方より食らいつくので、徳川殿はそう簡単には江戸を出られない。一方、金沢の前田殿が上方に進軍するときに、さしたる障害はない。とすれば、前田殿こそ、次の天下人だ、という主張でした。くり返しますがこれは与太話です。でも関ヶ原の戦いに臨んだ石田三成は、ああ、会津に氏郷殿がいらっしゃったら、と思わずにいられなかったでしょうね。生きていれば氏郷は45歳でしたから、全くムリのない想定だったのですが。

高山右近――信仰に殉じた(?)悲運の名将

蒲生氏郷を取り上げたので、続いて、彼の茶の友であり、キリスト教の先達でもあった高山右近を。というのは、右近というと、キリスト教の熱烈な信者として、豊臣秀吉から大名の地位を剝奪されたところまでは語られるが、大方の論述はそこで終わってしまっているから。実は右近はそれから25年の長きにわたって金沢で暮らし、加賀百万石に大きな寄与をしている。そこを語らないと、右近の理解が十分ではないように思えるので、取り上げてみたいのだ。

高山氏は摂津国三島郡の高山庄（現在の大阪府豊能郡豊能町高山）に出自を有する有力武士、国人領主であった。父の友照は当時畿内で勢力を振るった三好長慶に仕え、三好氏の重臣・松永久秀の指令を受ける立場として、大和国宇陀郡の沢城（現在の奈良県宇陀市榛原《はいばら》）を居城として与えられていた。

右近は天文21（1552）年もしくは同22（1553）年ごろに、友照の嫡男として生まれた。父は奈良で、琵琶法師かつイエズス会修道士のロレンソ了斎の話を聞いて深く感動し、自らが洗礼を受けると同時に、家族と家臣を洗礼に導いた。そのため右近は永禄6（1563）年、10歳でキリスト教の洗礼を受けた。洗礼名はジュスト。

永禄11（1568）年に織田信長の庇護《ひご》を受け、足利義昭が室町幕府十五代将軍となった。

義昭は摂津国の高槻城に直臣である和田惟政《これまさ》を置き、伊丹親興《ちかおき》・池田勝正を加えた3人を摂津守護に任命した。三好長慶の没後に大和を離れていた高山父子は、この和田惟政に仕えることとなった。

この後に摂津では争いが続き、和田惟政は荒木村重の下克上を受けて戦死した。村重は織田信長から摂津の大名として認められた。高山父子は惟政の子を補佐していたがやがて争いとなり、村重の助けを得て和田氏を放逐、高槻城主となった。元亀4（1573）年のことである。この頃、右近は父から当主の座を譲られている。

天正6（1578）年、10月末、右近が与力として従っていた荒木村重が主君・織田信長に反旗を翻した。右近はこれを翻意させようと何度も村重を説得するが失敗、イエズス会員・オルガンティノ神父に助言を求めるなど憂慮した末に、織田信長に降った。右近の行動は村重の敗北へと繋がり、喜んだ信長は2万石を加増して、彼を4万石の大名とした。

❖領地と財産を捨ててまで守りたかったものは

天正10（1582）年、本能寺の変が起きると、右近は羽柴秀吉に従った。秀吉の戦いに従軍した彼は秀吉の信任を受け、天正13（1585）年、改めて播磨国明石郡に6万石を与えられ、船上城《ふなげじょう》を居城とした。この船上城は長く明石の地の政庁として機能していたが、元和5（1619）年、築城された明石城にその役割を譲っている。

天正15（1587）年、秀吉はバテレン追放令を出した。このとき秀吉は、配下のキリシタン大名たちに「表向き棄教せよ。心の中までは問わない」と命じた、とぼくは解釈している。そのため多くのキリシタン大名は、その地位に留《とど》まることができた。ところが右近のみは信仰を守ることを選択し、領地と財産を捨てた。

これはカトリックの女子校に通っていた妻から教えられた話で、なかなか調査が行き届かないのだが、遠藤周作先生の代表作『沈黙』が発表されたときにキリスト教会の一部がこの作品のキリスト教理解に疑問を呈した、という。

作品の主人公、若き司祭・ロドリゴは拷問に悲鳴を上げる日本人信者の助命と引き換えに踏み絵を踏むことを強要される。苦しみ悩むロドリゴに長い沈黙を破ってイエスが語りかける。「踏むが良い。私はお前たちに踏まれるため、この世に生まれ、お前たちの痛さを分つため十字架を背負ったのだ」。小説中、圧巻の名シーンである。

だが、まさにこの場面を、キリスト教会の一部が問題視した。イエスはそのようなことを言うはずがない。むしろ、異教徒の迫害に遭ったならば、キリスト教の名誉を守って死ね。それこそがイエスの教えだというのだ。これは私たち日本人にはなかなか分からないポイントになるので、次回でしっかり考えてみたい。

領地を失った右近に救いの手をさしのべたのが、加賀・金沢の前田利家と利長の親子であった。二人は茶を通じて右近と親交があったらしい。あるいは若き日の利家は「かぶき者」であったから、南蛮趣味で話が合ったのかもしれない。ともかく右近は前田家の客将となり、２万６０００石の禄《ろく》を食《は》んだ。

右近が前田家のために活躍したのは、利家が没して、利長の代になってからだと思われる。その様子は次回に述べる。慶長19（１６１４）年、加賀で暮らしていた右近は、徳川家康によるキリシタン国外追放令を受けて、加賀を退去した。盟友・利長は梅毒に侵されて死の床に就いていたので、これ以上、右近を守れなかった。長崎から家族と共にマニラに送られる船に乗り、12月に到着した。しかし、船旅の疲れや慣れない気候のため、右近は健康を害し、翌年の１月に亡くなった。享年63。いま右近は殉教者として認められ、福者に列せられている。

高山右近——前田家繁栄の礎を築いた功労者

宗教の根幹には「信じる」ことがある。そのため、「実証する」「証明する」など、科学的な思考こそ当然と受け取る私たちにとっては、よく分からない部分が存在する。その実例を一つご紹介する。

戦国時代から日本に宣教師はやって来ていた。南蛮貿易の利益を享受したい大名は彼らを歓迎したし、天下人となった織田信長は少なくとも表面的には彼らに理解を示した。だが、豊臣秀吉はやがてバテレン追放令を出した。その後、日本はキリシタンに厳しい迫害を行うようになっていく。そうした歴史の流れを踏まえて、どうしても分からぬ疑問を、同僚に尋ねてみた。

同僚の名は浅見雅一先生。当時は東大史料編纂《へんさん》所の若手の准教授（現在は慶應大学の教授を務めている）だった。南欧への留学経験も豊かで、スペイン語・ポルトガル語に精通。キリスト教史の第一人者である。質問の内容はこう。「宣教師たちは波濤《はとう》を越えて命がけで日本にやって来るんだよね。しかも、無事に日本にたどり着いたとしても、殉教の危険がある。それなのに、なぜ彼らは日本にやって来ようとしたの？」

浅見さんは常に紳士としての態度を崩さない人だが、この時も穏やかにこう答えた。「殉教したいんですよ」。えっ？　なんて言ったの？　聞き間違いかな。「いや、殉教したいのです」。えっ、なにそれ。死にたいわけ？　そんなバカな。「あのね、ただキリスト教の信仰ゆえに死んだとしても、殉教にはならないんです。コレとコレとコレと……。いくつもの条件をクリアしないと殉教とは認められません。それで、当時、殉教できたのは、世界中で日本くらいだったんじゃないかな」。

うーん、その辺りはなんとか分かったけれど、そもそもなんで殉教がしたいの？　自殺願望があるわけじゃないでしょ？　「自害はいけません。即、地獄行きです。かたや殉教すると天国へ行けるんです。しかもキリスト教に命を捧《ささ》げるわけだから、これはものすごく気高い行為だし、下世話な話、得点が高い。殉教した魂は、父なる神の近くにいることが許されるんです」。

うわー、なるほど。そういうことか。新型感染症がやってきたときに「命は何よりも尊いんですから！」と叫んでいたご婦人がいた。感染症に怯《おび》えていた社会は、無批判にその主張を受け入れてしまったけれど、ぼくには色々と思うところがあった。それはさて措《お》いても、前近代の宗教的見地からすると、命よりも重いものは確実にあったのだ。そう考えることが正しいのか、正しくないのかは、ぼくにはよく分からないが。

❖豊臣か徳川か　迫られた選択の結果は

秀吉はバテレン追放令を出した。神というものを合理的に捉えられた大名は、きっと「神のものは神に、王のものは王に」などという理屈を先に立て、表面的には神への信仰を捨てるふりができた。神への信仰はわが心にある、と。けれども、高山右近は違った。神は実在する。その神に少しでも背くことなど、できはしない。だから信仰ではなく、領土や身分や家臣、すべてを捨てた。そういうことだったのだろう。

金沢の前田利家・利長父子は、そんな右近を客分として迎えた。もしかすると、秀吉と利家のあいだには、「あいつ、埋もれさせるには惜しい才能なんだよ。何とかしてやってくれないか」「わかった。オレの方で引き取るよ」くらいの会話があったのかもしれない。

秀吉と利家が相次いで世を去った後、前田利長は厳しい選択を迫られた。豊臣の家臣であることを重しとするか、徳川家康に頭を下げるか。前田の家中には確実に「家康、なにするものぞ」という気風があったと思われる。そのため慶長4(1599)年には「前田に不穏な動きあり」とされ、家康から釈明を求められた。

利長はこの時に態度を決め、腹心の横山長知《ながちか》を家康のもとに派遣し、いってみれば土下座外交を展開した。長知は家康に対し、①前田家は徳川家に従属する、②その証《あかし》として利家の妻・おまつを江戸に人質として出す、③千姫のすぐ下の妹・珠姫《たまひめ》を、利長の後継者・利常の妻として迎える、④徳川の婿である利常を重んじて利長はなるべく早く隠居する、このような条件を提示して、家康の了解を得たものと思われる。それが奏功し、関ヶ原の戦いを経て、前田家は「加賀百万石」を獲得した。利長の弟で、能登20万石を領していた利政（同母の弟はこの人だけ）はどうやら西軍によしみを通じていたらしいが、利政は浪人、能登は利長に、という穏便な処置がとられた。

慶長７（１６０２）年、横山は金沢城内に於《お》いて、大聖寺《だいしょうじ》城主・太田長知《ながとも》を殺害した。利長の命によるもので、太田は反徳川の旗頭であった。太田はおまつの甥《おい》という。奥村や村井など、利家時代からの老臣が反徳川グループであり、彼らの輿望《よぼう》を担ったのがおまつであり、またおまつ所生の利政（彼は結局、浪人のまま没した）だったと思われる。一方、横山は利長に仕えた人物で、前田家にとっては新参者であった。家中への影響力は奥村、村井には遠く及ばない。

こうしたことを考慮すると、利長の親徳川路線を支えたのが、右近だったのだろう。そうぼくは考える。今の会社に置き換えてみても、母親、弟、父に仕えていた重役たち。彼らを向こうに回して、二代目社長が全く新しい路線を打ち出すのは容易ではないだろう。新社長を強力にサポートした人物、その発言力はみなが認める人物。それは右近以外に考えられまい。右近は25年を金沢で過ごしたが、前田家を存続させる大役を全うしたのである。

可児才蔵――乱世を代表する豪傑の中の豪傑

可児《かに》才蔵は戦国時代屈指の勇者です。諱《いみな》は吉長。ぼくは彼の名を、司馬遼太郎の小説、『おれは権現』で知りました。この小説はいま講談社文庫に収録されているようですが、そもそもいつ書かれたのか、文庫を手元にもっていないため、調べがつきませんでした。記憶が確かなら、ぼくは小学6年生の時に新書版で読んでいますので、1970年ごろには成立していたはずです。

才蔵は天文23（1554）年、美濃国可児郡（現在の岐阜県南部）に生まれ、幼少期を地域の大寺院である願興寺で過ごしました。寺伝では越前の戦国大名、朝倉氏の血を引いているとありますが、確証はありません。

柴田勝家、明智光秀、前田利家、織田信孝、森長可《ながよし》らに仕えたようですが、家中でどんな存在だったのか、どれくらいの禄を貰《もら》っていたのか、詳細は不明です。天正10（1582）年に織田家が武田家を滅すときの戦いでは、信長の小姓として有名な森蘭丸の兄、森長可に仕えていたとされます。時に才蔵、29歳。

森隊は信濃での戦いで、460余の首級をあげ、首実検を実施していました。すると才蔵が三つの首を持参して主人である長可の前に現れ、「16の首をとりました」と報告しました。長可が三つではないか、と怪しむと、「重いので残りは捨てました。

ただし、これらの首には笹の葉を含ませてあります」と説明しました。長可が調べさせたところ、確かに笹を咥《くわ》えた13の首級が見つかり、才蔵はこの時から「笹の才蔵」の異名で呼ばれるようになったと言います。

ドラマやマンガではなく、リアルベースで考えれば、敵を倒し、首を取るのは至難の業です。16もの首を得るなどということは、とてもとても人間業とは思えません。容易に信じるわけにはいきませんが、要するに才蔵は、人並み外れた豪傑、豪傑の中の豪傑だった、ということでしょう。

天正12（１５８４）年、羽柴秀吉と徳川家康が戦った小牧・長久手の戦いが起きると、秀吉の甥《おい》、秀次に仕えて戦いに参加しました。秀次は主将格として２万の大軍を率い、家康の本拠である三河を衝《つ》こうとします。ところが、この動きは家康の察知するところとなり、秀次軍は徳川勢に迎撃されて大敗を喫します。先述した森長可は、秀次軍の一員として、討ち死にを遂げました。

このとき才蔵は、「どうがんばっても、挽回は不可能」と判断し、ならば、と真っ先に逃げ出しました。馬を失って徒《かち》でうろうろする秀次の横を、才蔵が馬で駆け抜けようとします。秀次が「おい、馬をよこせ」と呼びかけたところ、才蔵は「雨の日の傘に候」と答え、そのまま走り去ってしまいました。

自分が逃げるのに必要な馬だから、たとえ主君であっても譲ることはできない、というわけです。もちろん、戦後、才蔵は解雇されました。

❖槍一本で生き抜くも大名となるには至らず

慶長5（1600）年の関ヶ原の戦いでは、福島軍の先鋒隊長として奮戦しました。前哨戦の岐阜城の戦いで敵兵の首を3、関ヶ原本戦では17も取り、家康からも大いに賞賛されました。17の首には、またもや笹の葉を含ませていました。

福島正則は才蔵に750石を与えました。才蔵は福島家の家臣として、広島で晩年を過ごしました。若いころから愛宕権現を厚く信仰していたため、「我は愛宕権現の縁日に死なん」と日ごろから予言していました。その予言通り、慶長18（1613）年6月24日の愛宕権現の縁日の日、潔斎して身を清め、甲冑《かっちゅう》を着けて床机に腰掛けたまま死去したと伝わります。遺言により広島の矢賀の坂という地の脇に葬られ、「尾州羽栗郡の住人　可児才蔵吉長」と刻んだ石塔が建てられました。享年60。

才蔵の人生を通して私が何を言いたかったのかというと、かくも豪傑であった才蔵が、結局は750石しか取れなかった、ということなのです。いや、750石でも現代のサラリーに直すと年俸7500万円くらい（コメ一石＝10万円くらい、とする）ですので立派ですけれども。でも、よく戦国の武者は「槍《やり》一本で一国一城の主に」などとうそぶきますが、これは誇大広告もいいところ。どんなに槍を振り回しても、大名にはなれっこない。

大名になる、則《すなわ》ち１万石の禄を取ろうと思ったら、個人的な槍働きだけではダメ。２００人からの兵を指揮し、彼らを食べさせる。だから軍事センスとともに、経済観念が必要です。また、領地を経営するための政治手腕も大切。主人である大名を支える、外交能力も求められる。そうした能力をあわせもって初めて１万石の禄を頂戴し、維持できるのです。才蔵には、ちょっと荷が重かったのでしょう。

でも、そんな才蔵は、やっぱりすごかった。最後に、ぼくが好きな彼のリアルなエピソードを紹介して締めましょう。

あるとき、才蔵に対して試合を申し込む武芸者が現れました。著名な才蔵に勝って、仕官を望む。剣術自慢の人物だったのでしょう。すると試合当日、才蔵は笹の指し物を背中に指し、甲冑で身を固め、さらに部下10人に鉄砲を持たせて試合の場に現れました。武芸者が「これは試合だ。合戦ではない」と抗議すると、才蔵は「俺にとって試合とは、すべからく実戦のことだ」と笑いながら答えたといいます。命を賭けた戦いを積み重ねてきた才蔵には、武芸者との試合など、児戯《じぎ》に等しかったのでしょうね。

織田信忠——信長政権の後継者としてはイマイチ？

高橋紹運《じょううん》（戦国きっての勇将として有名な立花宗茂の実父）についての文章を書くためにＷｉｋｉｐｅｄｉａ「九州平定」を読んでいたぼくは、次のような文章に接してビックリしました。「天正13年（１５８５年）２月、毛利輝元の庇護を受けて備後国の鞆《とも》（鞆幕府）に滞在していた征夷大将軍足利義昭は島津義久を九州の『太守』に任じて帰洛時の援助と大友攻めを命じており、義久はこれに応じている（当時は毛利と敵対していた大友を島津に牽制《けんせい》させるため）」（以上がその文章。天正14年の戦い、という項目の冒頭。令和５年８月14日段階で）

言うまでもありませんが、Ｗｉｋｉｐｅｄｉａは中立的な記述を心がけるものです。だから、自分がこう考えている、ということより、広くはこう受け止められている、という認識を優先するべきであるはず。それを踏まえてこの文章を読んでみると、

〇１５７３年に織田信長によって滅ぼされているはずの室町幕府のトップ、足利義昭の命令が、いまだ島津氏に重んじられている、と解されている

〇毛利家は豊臣秀吉に臣従しているはずなのだが、毛利家が足利義昭を庇護していることに実質的な意味をもたせている

この二つの点で違和感を感じざるを得ません。

それが誰なのかまでは詮索しないが、どうも足利義昭の存在を過大に評価している人がいて、その人はWikipediaのいろいろな項目で、義昭の動向を戦国大名に「大義や名分を付与するもの」として記述に勤《いそ》しんでいるようです。そうした項目、記述に少なくない頻度で出合い、そのたびに違和感ならびに不快感を感じているので間違いありません。

ぼくは、義昭はすでに実体を失っているので、どれだけ文書を作成して広く発給していようが、そこには強制力や実効力は生まれない、と考えています。だから、文書が現代に伝わっているからといって、それが何よりの根拠だ、実証的な叙述だ、とは全く思いません。このことに関しては、賛成してくれる研究者が多数となるのではないでしょうか。

これを書いている人は、Wikipediaをいじくる（無償の行為です）時間があり、それなりの専門教育を受けていて、自己承認欲求が強い、という特徴をもっています。たぶんポスドクのおにいさん、もしくはおじさんかな、と推測します。歴史好きな方たちをミスリードする、困った人だなあ、と思うのですが、いちいち叙述を直すのは……正直なところ、面倒くさい。そのうち、『歴史系Wikipediaは信用するな！　―その問題点と対策―』のような本でも書こうかな（苦笑）。

❖カリスマ亡きあとはカオス状態になった時代

こういう極端な人はそういないのかもしれませんが、中身よりも輪郭を重視して考えている研究者、というのは一定数、存在します。たとえば豊臣秀吉は天下人の指標として「関白」の地位を選んだ。ぼくなどはそれはただの記号だ、と考えるのですが、征夷大将軍でもない、太政大臣でもない、関白であることに意味を見いだそうとする研究者は間違いなくいます。いや、それがキチンとした論理性をもって説明されるなら傾聴すべきなのですが、いまのところ、必然か偶然か、そうした説明に出合ったことはありません。

こうした人はたとえば、織田信忠がもう少し注意深ければ、歴史は変わっていた、と言うのです。本能寺の変が起きたとき、織田信長の嫡男である信忠も京都に滞在していました。信長が明智光秀の襲撃を受けている、という報《しら》せが届くと、信忠は「光秀ほどの男に手抜かりは無いだろうから、逃げても無駄だ」として戦いを決意。宿所の妙覚寺から二条新御所（具体的にどういう建物か、諸説あり。足利義昭がいた二条城、ではないらしい）に移って明智勢と戦った末に自害しました。

ところが、信忠と一緒にいた織田有楽斎《うらくさい》は脱出に成功したのです。前田玄以《げんい》も逃げられました。京都は閉鎖されていなかったので、もしかしたら信忠は逃げおおせたかもしれません。もしそうなれば、羽柴秀吉の出番はなかったはず。なんとなれば、すでに信忠は天正４（１５７６）年末に信長から織田家の家督を譲られていて、織田政権の主《あるじ》だったから。隠居の信長を失っても、政権自体がゆらぐことはない。そう主張する研究者はいます。

でもそれは、形式に重きを置きすぎじゃないかなあ。信長が討たれたら、社会はアナーキーな状態になり、徳川家康は死ぬ思いで領国に逃げました（「神君伊賀越え」）。一方で豊臣秀吉の没後、社会の治安が乱れた、なんて話は聞きません。ということは織田政権の統治なんて、所詮は信長のカリスマ頼みのモノだった、と考えられませんか。システムとしての織田政権はまだまだ微弱で、まして信忠の指導力なんて発揮された形跡がない。

たとえばアレキサンダー大王が亡くなった後、将軍たちは領土を分け取りしました。大王の子なんて、あっさり殺された。信長政権も同じだと思うんですよねえ。乳母日傘《おんばひがさ》の信長の子どもたちの実力なんて、たかが知れている。命がけで地位を築いた秀吉や光秀とは比ぶべくもない。一度は逃げられたって、実力不足の信忠は光秀に討たれるか、秀吉に謀殺されるかの運命だったでしょう。後者の場合、三法師の命も危なかったかもしれない。

問題は一番家老と称された柴田勝家が、どれだけ真面目に織田政権の存続を考えていたか、ではないでしょうか。織田家大切を声高に唱えて三男の信孝を奉じたのですが、ぼくは胡散《うさん》臭いなと思っています。だって、織田家の跡取りと目されていた次男の信雄を担いでないんですもの。所詮は自分が与《くみ》しやすい信孝擁立だったわけでしょう。信孝も道具であって、利用してポイ、という事態があったかも。人のワルいぼくは、ついそんな風に考えてしまいます。

織田信忠——信長の覇業を支えた幻の後継者

前回、織田信忠について中途半端な叙述になったので、彼の生涯をまとめておこうと思います。信忠は弘治3（1557）年に、織田信長の長男として尾張国に生まれました。彼より年長の信正という男子がいたがゆえあって認知されず、村井貞勝の養子となったという説もありますが、早くから信忠が長子として扱われていたので、とりあえず信正は脇に置いておきます。実母は生駒吉乃《きつの》といわれますが、疑義が呈されています（後述）。

幼名は奇妙丸。元服してはじめ勘九郎信重を名乗り、のちに信忠と改めました。天正元（1573）年の段階で幼名の「奇妙」で呼ばれており、諱《いみな》の「信重」は同年7月に初めて確認できます。また『信長公記』でも、同年8月の浅井攻めで「奇妙」呼びが「勘九郎」に変化しています。当時は15歳までには元服しているのが普通なのですが、彼は17歳くらいまで元服の機会を待っていたようです。

その後、信長に従って各地を転戦しました。とくに武田家との戦いで武勲を挙げます。天正3（1575）年5月に長篠の戦いに従軍すると、そのまま岩村城（武田家の美濃における橋頭堡《きょうとうほ》）攻めの総大将として出陣し、武田家武将・秋山虎繁（信友）を降して岩村城を開城させました。なお虎繁とその後室おつやの方（信長の叔母。岩村城の元女城主）は、長良川の河畔で処刑されています。

天正４（１５７６）年11月28日、信長から織田家の家督と美濃東部と尾張国の一部を譲られて支配を任されました。その土地領有は実質が伴うものだったらしく、信忠はこの地方の武士を集めて軍勢を編成し、何度も信長の軍事行動に参加しています。このあたりの彼は、とくに目立った殊勲はないものの、手堅く実績を積んでいる観があります。

天正10（１５８２）年、いよいよ信長は武田家の討伐に動きます。信忠は美濃・尾張の軍勢５万を率い、徳川家康と連動しながら武田領へ侵攻しました。河尻秀隆、滝川一益を戦奉行とし、伊那方面から進軍して、信濃南部の飯田城・高遠城などを次々と落としていきました。高遠城攻略においては自ら陣頭に立って堀際に押し寄せ、塀の上に登って配下に下知したといいます。

❖暗愚かつ凡庸という人間像に疑問アリ

信忠の的確な指揮によって武田家は滅びます。戦後の論功行賞により、信忠の部下であった河尻秀隆には甲斐国と信濃国諏訪郡が、森長可《ながよし》には信濃国４郡、毛利長秀には同国伊那郡が与えられました。信忠は、美濃・尾張に加え、甲斐・信濃、計４カ国に影響力を行使する立場になりました。

同年6月2日、信忠は信長と共に備中高松城を包囲する羽柴秀吉への援軍に向かうべく、京都の妙覚寺に滞在していましたが、そこで本能寺の変が発生したのです。本能寺の信長は、敵が攻めてきた、との報に接すると「城介《じょうのすけ》の謀反か」と言ったそうです。城介は正式には秋田城介で信忠が帯びていた官職。つまり、信長は「信忠が謀反したのか？」と聞いたことになります。父子の関係性を読み解く大切な情報になるかと思いますが、いまだ何も思いつきません（泣）。

信忠は明智勢の謀反を知ると、ひとたびは本能寺へ救援に向かいますが、その途中で信長自害の知らせを受けます。そこで兵を率いて皇太子の居宅である二条新御所に移動し、立て籠もりました。しかし、そこに明智勢の伊勢貞興《さだおき》が攻め寄せ、一戦した後に自刃しました。首は信長同様、見つかりませんでした。

戦国時代を研究する泰斗、高柳光寿先生（史料編纂所勤務から國學院大などの教授を務める）は1962年の著書『青史端紅』において、松平信康切腹事件を取り上げました。事件の真相について先生は、自分の嫡子である信忠に比べて家康の嫡子・信康が断然優れていたため、信長は次の世代を慮《おもんぱか》って信康を排除したのだ、と指摘しました。先生の影響力は大きく、長く「信忠＝暗愚、もしくは凡庸」という解釈が定着しました。

けれど、いま改めて信忠の事績を追ってみると、彼は大きな失敗をしていないのです。信長の影響力が作用していたとはいえ、着実に仕事をこなし、父の覇業を助けています。この点で、信忠は「なかなか」の人物であり、堅実な二代目に成り得たのではないか、という解釈が一般的になっています。ただしぼくは、たとえ本能寺がなくて信長から信忠に自然な形でバトンが手渡されたとしても、それこそ下克上の時代なのですから、信長が育てた秀吉や光秀がおとなしくしていたようには思えません。一波乱はあっただろうなあ、と。いや、そこはＩｆの領域になりますので、わかりませんが。

最後に付言しておくと、信忠の生母は生駒吉乃という女性であり、彼女は正室の扱いを受けて、次男の信雄、それから松平信康夫人となった五徳姫を産んだ、という通説があります。但《ただ》し、これも最近の研究では、否定的な見解が有力なのです。信雄は吉乃の子かもしれないが、信忠と五徳姫の母親は違う女性だろう、というのですね。最近綾瀬はるかさんと木村拓哉さんで映画（「レジェンド&バタフライ」）にもなりましたが、綾瀬さん演じる濃姫（帰蝶《きちょう》）という女性も、実は史料がなくてよく分からない。濃姫は信忠の養母になったといいますが、これも「?」。秀吉、家康の妻たちの動静は分かっているのですが、信長の奥向きのことは、いまだに謎に包まれています。

松平信康――非業の死、そしてその忘れ形見たち

今回は、徳川家康と息子信康の関係を中心に、話を進めていきます。大河ドラマ『どうする家康』が始まる前、私は、彼らが親子でありながら激しく対立していた、という筋立てを選択するのではないか、と予測していました。それは、そういう新説を展開している歴史研究者Aさんを時代考証として迎えているから、というのが理由です。でも、ぼくは、この説は成り立たないと思っているのです。

信康は織田信長の娘、五徳姫と婚姻します。ですが、姑《しゅうとめ》である築山殿《つきやまどの》（家康の正室）とうまくいかず、それはやがて夫である信康への不満にもなっていった。彼女はそうした不信感を父の信長に伝えた。信長は娘かわいさに信康の欠点をあげつらい、ついには信康に切腹を命じた。いやそれは表向きの話。自分の跡取りである織田信忠と信康を比較すると、信康の方が格段に器量が上である。これはまずい。息子の代になったら、織田は徳川にやり込められるかもしれない。ならばいっそ、今のうちに信康を始末しておこう、というのが信長の真意だったともいいます。

信康が切腹するのと時を同じくして、家康は築山殿を誅殺《ちゅうさつ》しています。これは動かしがたい事実なので、家康を東照神君と崇《あが》め、その行動には批判を許さん、という重い圧力が存在した江戸時代、築山殿は殺害されてやむなしの「悪女」に仕立てられまし

た。信康を精神的に支配しようとした、嫉妬深かった、鍼医《はりい》と密通していたなどの話は、現代からすると考慮するに足りません。まあ、作り話でしょう、と。けれども江戸時代には、信康はこの毒母と妻の不和に巻きこまれる形で、切腹するに至った、と解釈されていた。

冷静に考えてみると、さすがの信長も、長年の同盟相手の家康の息子に、安易に死を命じることはできないのではないでしょうか。ぼくは信康が、武田との連携を模索していた可能性があるように思います。あるいは築山殿もそれを後押ししていたのかもしれません。

後年に生きるぼくたちは、織田信長が圧倒的な覇者となった歴史を知っています。だから、織田と徳川の攻守同盟である「清須同盟」を破るなど愚かにも程がある、と感じてしまう。けれども、当時にあっては相当感じが違っていたんじゃないか。武田信玄・勝頼の勢力は強大でした。徳川家は武田にことあるごとに攻撃される。でも信長は満足な援軍を送ってくれない。武田は間違いなく徳川に対し、織田と手を切って武田と結ぶこと、さらには武田の軍門に降ることを働きかけていたでしょう。その呼びかけに、信康が心を動かしていたら……。可能性はゼロではないと考えます。

信康には、何らかの疑惑があった。それを知った信長は慎重に調べを進め、一定の証拠をつかんだ。それをもとに家康と信康に提示し、もしも今まで通り織田とともに歩むならば信康に腹を切るように要求した。信長の示した証拠は今には残されていませんが、まるっきりの絵空事ではなかったので、家康は泣く泣く信康の処分を受け入れるしかなかった。実相はこんな感じだと想像します。

❖信康亡き後、二人の娘は家康に厚遇された

信康と五徳姫の間には、二人の女の子がいました。歴史研究者Aさんが言うように、家康と信康の間に深刻な対立があって、信康の切腹はむしろ家康が主導したものだった、としたらどうでしょう。家康は信康の娘を可愛がったでしょうか？　それは、ないでしょう。家康は好き嫌いを容赦なく表に示す人で、たとえば次男の於義丸《おぎまる》（後の結城秀康、松平秀康）を、けっして自らの子と認めませんでした。そのため、この人は信康横死後の最年長者であるにもかかわらず、弟・秀忠に嫡子の座を譲ったのです。そんな家康ですから、憎い息子の忘れ形見など、顔も見たくない、という態度に出てもおかしくない。あるいは愛情を感じない於義丸を豊臣秀吉への人質として活用したように、有力な大名との縁を繋《つな》ぐための道具としてせいぜい利用したことでしょう。

でも、実際はどうだったか。前回お話ししたように、二人の娘のうちの登久姫が秀吉の仲介で小笠原家に嫁ぐと、家康は同家を徳川譜代に位置づけ、厚遇しました。また妹の熊姫は徳川四天王の一人、豪勇をもって知られる本多忠勝の跡取り、忠政のも

とに嫁に出しました。絶対に家康を裏切らないだろう家を、嫁ぎ先として選んだのです。

大坂夏の陣で豊臣が滅ぶと、秀頼の妻であった千姫が帰ってきました。千姫は徳川秀忠の長女です。家康は深い傷を心に負ったであろう孫娘に、罪滅ぼしをしたいと願ったでしょう。政争の具とした彼女を、今度こそは幸せにしてやりたいと思ったに違いありません。

それで具体的にどうなったのかというと、千姫は10万石もの化粧料を持参して、姫路城の本多忠刻に降嫁したのです。忠刻は、姫路城主であった忠政と熊姫の息子です。徳川に厚い忠誠を誓う、しかも従姉《いとこ》である熊姫が奥向きを取り仕切っている本多家。そこで生活させることが、家康の精一杯の千姫への思いやりだったと思います。

こう考えてみると、熊姫もやはり、家康に愛されていたに違いありません。その父親である信康を、家康が憎んでいたとは思えない。そうぼくは結論づけます。

第3章

天下統一安土桃山編

本多政重――度重なる改名の末、5万石の知行を得た謎多き人生

今回は何とも数奇な運命をたどった謎多き武人、本多政重を紹介しましょう。

政重は天正8（1580）年、本多正信の次男として生まれました。父の正信は徳川家康から「わが友」と呼ばれたほどの腹心の部下で、徳川きっての謀臣として周囲に知られていました。三河武士らしい本多姓を名乗っていますが、四天王の一人である本多忠勝に比べると血筋が明らかではなく、また若き日の家康が三河の一向一揆と事を構えた際には正信は一揆方に加担しており、そのために長く徳川家から離れていました。いつ帰参したかは明らかではなく、政重が生まれたときにどこで何をしていたか、よく分かっていません。

政重は天正19（1591）年、徳川家の家臣・倉橋長右衛門の養子となった、といいます。ですが倉橋という家は徳川家臣団の中では無名です。どういう経緯で養子縁組の話が出たかは、不詳です。

慶長2（1597）年、政重は徳川秀忠の乳母・大姥局《おおうばのつぼね》の息子を諍《いさか》いの末に斬り殺し、徳川家を出奔しました。人命を奪うというのは物騒ですが、この事件自体は、武芸自慢の若者の「やらかし」と考えられます。ですがこの後の政重の人生がいつも徳川の後援を受けていたように感じられることからすると、何か「ウラ」があったよ

うな気がします。

出奔の後に大谷吉継《よしたか》の家臣となり、その後、宇喜多秀家の家臣となって2万石を与えられました。名も正木左兵衛を称しました。ここで疑問です。当時の秀家は五大老の一人で、岡山55万石の大大名。ですから2万石の家臣というのはあり得なくはない。ですが、合戦で手柄を立てたこともない20歳前後の若造にポンッと2万石は多すぎじゃないかな。家康の強引なごり押しがあったからこその人事では？　と思わずにいられません。とすると、政重は徳川のスパイだったのでしょうか？

❖乱世をしたたかに生き抜く処世術

慶長5（1600）年の関ヶ原の戦いでは宇喜多軍の一人として奮戦したといいますが、これまた戦いの詳しい様子は不明です。表看板どおりの武勇自慢ならば、なにか伝説めいた活躍をしていそうなものですが、そうしたことは伝えられていません。戦後、西軍の主力であった宇喜多家は取りつぶされ、左兵衛は福島正則に仕えました。なぜですがすぐに辞去し、今度は前田利長に3万石もの高禄で召し抱えられました。なぜかくも高禄なのか。しかも慶長8（1603）年には、仕事は済んだとばかりに前田家を離れています。

すると左兵衛に接近した人物が。直江兼続です。この頃、幕府重臣の正信への接近を図っていた上杉景勝の家宰・兼続は、慶長9（1604）年左兵衛を婿養子に迎えました。彼は直江大和守《やまとのかみ》勝吉と称し、幕府権力と結びついて上杉家を取り仕切る役割を期待されました。翌年に兼続の娘で勝吉の妻のお松が病死しましたが、養子縁組は継続されました。姪《めい》のお虎を養女にして勝吉に嫁がせたのです。しかし、慶長14（1609）年5月末から7月初旬までの間に勝吉は本多安房守《あわのかみ》政重と改名します。その上で慶長16（1611）年に上杉家を出奔し、武蔵・岩槻に潜伏しました。

慶長17（1612）年、家康の信任厚い藤堂高虎の取りなしで、再び前田家に仕えます。禄高は3万石。家老として年若い前田利常（利長の弟で養子）の補佐にあたりました。ではかつての養父、直江兼続とはさぞや険悪だったのかというと表面上はそうでもなく、兼続のもとにいた妻のお虎は金沢の政重の許《もと》へ呼び寄せられました。また彼女に従って上杉の家臣であった30名ほどが金沢に赴き、政重に仕えたのです。兼続としてはリストラができて、ありがたかったことでしょう。

前田家は利長のところで述べたように、藩祖である利家以来の親豊臣派の重臣と、利長の意向を重んじる新徳川派の重臣が争っていたようです。利長は客将であった高山右近を自派の重鎮として用いていましたが、彼はキリスト者であるため、だんだんと表では使いにくくなった。そこで右近に代わる親徳川のリーダーとして白羽の矢が立ったのが政重だったのではないでしょうか。

当時の幕府政治においては、将軍・秀忠には政重の父・正信が補佐役としてつき、駿府の大御所・家康の側では政重の兄の正純が第一の側近として働いていました。こうしたことから、政重は徳川と前田を繋《つな》ぐもの、としての役割を担っていたのでしょう。大坂の陣が始まる前に、利長は病没し、右近は国外に追放されます。そうした状況下、利長の腹心の部下であった横山長知《ながちか》と力を合わせて、政重は前田家を守り抜きました。その功績でさらに2万石を加増され、5万石もの知行を獲得することになりました。

前田の重臣は元禄の頃に「加賀八家《かがはっか》」と呼ばれて固定します。もちろん筆頭は政重の本多家で5万石。ついで、かつては能登の独立勢力だった長家で3万3000石。3位が横山家で3万石。まさに利長が集めた家臣たちが上位を占め、利家時代からの奥村や村井は6〜8席で、2万石に届いていません。政重は前田利常、光高、綱紀を補佐し続け、正保4（1647）年に68歳で死去しました。本多家は明治維新に至るまで健在で、男爵に。現当主は加賀本多博物館（金沢市）の館長も務めておられます。

直江兼続

——生涯を上杉家に尽くした「名君」!?

「なおエ」という言葉をご存じですか？　アメリカのメジャーリーグでは今、大谷翔平選手が八面六臂《ろっぴ》の活躍をしています。それで日米のメディアは、連日彼の活躍を伝えているのです。ところが彼の所属するエンゼルスは補強しても補強しても、なぜか成績が上向かない、根っからの弱小球団。それで「大谷は素晴らしいピッチングを披露して六回まで投げました。バッターとしても二安打を放っています。なお、エンゼルスは八回にリリーフ陣が打ち込まれ、逆転負けを喫しました」などと報道されるのが常。これがファンから、また「なおエ」か、と揶揄《やゆ》の対象となっています。そこで本コラムでも、直江山城守《やましろのかみ》兼続を取り上げてみましょう。いやいや、どこが「そこで」なんだか。大谷選手にあやかって、というのは冗談で、本多政重の件でちょっと紹介したので、ここで腰を据えて。

あるとき豊臣秀吉が周囲の者に言った。天下を取るには「大気」と「勇気」と「知恵」の三要素を併せ持たなければならないが、今の世にはそうした者はいない。だからだれもオレをしりぞけて天下を取ることは不可能だ。さらに続けてこうも言った。但《ただ》し面白いことに、陪臣（大名の家臣）のなかに、二要素までを持つ者がいる。上杉家の直江兼続（１５６０～１６１９）、毛利家の小早川隆景（１５３３～97）、龍造寺家の鍋島直茂（1538〜1618）の三人がそれだ。直江は大気と勇気はあるが、知恵が足りない。小早川は大気と知恵はあるが、勇気がない。鍋島は勇気と知恵はあるが、大気に欠ける。でも三人とも当代屈指の人物だ。

この話は、幕末の館林藩士で尊王論者だった岡谷《おかのや》繁実の『名将言行録』に採られていますが、江戸時代中期にまとめられた『葉隠』でも言及されています。この本は鍋島家の家臣、山本常朝が述べ、同藩の田代陣基《つらもと》が筆録したもの。本当に秀吉がこういうことを言ったかどうかは怪しいですが、もともとは鍋島家に伝わった話だったのでしょう。

小早川隆景は毛利元就の三男。本家の家老を務めるかたわら、秀吉直属の大大名にも取り立てられ、五大老の一人に数えられました。鍋島直茂は龍造寺家の一族で、「肥前の熊」こと龍造寺隆信が戦死すると、年若い当主を助けて同家を守りぬきました。けれども「鍋島の化け猫騒動」で有名なように、結局は主家に代わって肥前の大大名におさまっています。これに対して直江兼続は終生上杉家のために尽くしました。小早川や鍋島にも言い分は十分にあったと思いますが、兼続は生涯を「上杉のおんために」働いた。その一事だけでも、兼続の無私の風、爽やかさがうかがい知れます。

❖「文武両道」に意義アリ！

春雁我に似るか
我雁に似るか
洛陽城裏花に
背いて帰る

これは兼続の漢詩です。雁《がん》は春を待たずに北に飛び去っていく。私も雁に似て、桜咲く都に背を向けて私のあるべき北国に帰っていこう。ぼくはこの詩句が大好きです。

また兼続は6世紀に中国で編纂《へんさん》された詩文集『文選』を、京都の要法寺《ようぼうじ》に依頼して活字で出版しました。慶長12（1607）年のことで、活字版の出版は、この時期、徳川家康と兼続しか行っていません。また彼が整備した文庫に架蔵された『史記』は日本に現存する最古の典籍として、『漢書』『後漢書』とともに国宝に指定されています（現在は千葉県佐倉市の国立歴史民俗博物館の所有になっている）。

このように、兼続は文化・教育の面でも一流の人物でした。まさに「文武両道」の士といえま……。うーん、どうかな？「文」はいいのですが、実は「武」がどうも……。一般的な評価と異なり、ぼくは彼の「武」に疑問を持っています。

兼続は樋口兼豊の子として生まれました。兼豊は長尾政景（上杉景勝の実父）の家老とも、薪《まき》や炭を扱う下吏だったともいいます。ともかくどこかのタイミングで政景の子の景勝の近習《きんじゅ》となり、景勝が上杉謙信の養子になると、景勝とともに春日山城に入りました。

天正6（1578）年、謙信が急死すると、二人の養子・景勝と景虎が後継をめぐって国内を二分して争う「御館《おたて》の乱」が起きます。内乱は景勝が辛勝し、兼続は新しい政権の中枢で活動を始めます。越後の名門である直江家の養子となり、与板城主にもなりました。はじめ兼続は、狩野秀治という人物と二人で執政を務めました。けれども秀治はこの後ほどなくして亡くなったと推測され、上杉の命運は兼続一人に託されたのです。当時の上杉家臣たちは景勝を「殿様」「上様」、兼続を「旦那」と敬称しました。

ぼくが兼続の「武」を疑う事件その一。新発田《しばた》重家の乱です。天正9（1581）年、新発田市と新潟市付近に勢力を持つ国人、新発田重家が織田勢力を通じて反乱を起こしました。本能寺の変があったため、織田の勢力は重家を救えなくなったのですが、この一国人の反乱を、兼続はなかなか鎮められなかった。結局、豊臣秀吉との連携に成功した後に、豊臣政権の援助を背景に、天正15年の末、やっと新発田城を落としています。

事件その二は関ヶ原です。この際、徳川家康に逆らったことは措《お》きましょう。問題は徳川勢や東軍が去った後です。兼続は2万の大軍を率いて北進し、最上攻めを行った。最上の本拠は山形城。それを守る長谷堂という支城があり、1000の城兵が守っていたのですが、兼続はこれを落とせなかった。長谷堂城は縄張りを見るに、さして堅固な城とはいえなかったにも拘《かか》わらず、です。それでこの城で足踏みしているうちに関ヶ原は終戦し、上杉家は会津120万石から米沢30万石に減封されました。

その後の兼続は民政に励み、みごとな政治家ぶりを発揮しました。でも上杉家は名うての貧乏藩になり（赤穂浪士の事件の前、吉良上野介の息子を跡継ぎに迎えますが、その手際の悪さから15万石になったことも関係しています）、そのため家康に戦いを挑んだ彼の判断を批判する声は、家中でやまなかったようです。兼続の実子の景明は若くして亡くなり、直江家は断絶しますが、兼続の墓石は江戸時代に何度も壊されたといいます。

直江兼続――家康に対する〝不可解な動き〟のワケ

ダメだ。終われない。実は直江兼続、ささっと終わらせるつもりだったのです。でもどうしても、考えないといけないことがありまして。もう一回お付き合いください。

ぼくは日本史研究は、本質を問う営為だと思っています。でも、なにを本質と考えるかは人それぞれですから、難しい。ぼくはつい「そんな重箱の隅をつつく考察は価値がない」と断じてしまう。すると、まあ当然と言えば当然ですが、重箱派の人たちは面白くない。「コレこそが実証的研究だ」と反論してくる。日本史界隈《かいわい》には重箱派が多いので、ぼくはまあ、評判が悪い悪い。

話を元に戻しましょう。直江兼続について考えるべきは、直江状の真贋《しんがん》でも、彼が与えられた官職でもない、とぼくは思います（これについてはWikipediaをご覧ください）。そんなもの、極論すればどうだっていい。そうではなくて、「なぜ彼は、関ヶ原の戦いにおいて北に向かったのか」。この疑問への納得のいく答えは、現状、見当たらないのです。

関ヶ原の戦いの始まりは会津征伐です。上杉に謀反の動きあり。徳川家康はそう言い立てます。だれが見ても、ただのいちゃもん。「上方に来て、釈明せよ」。上杉というか兼続は、その要請を断固としてはねつけました。そこで家康は自分の指令を唯々諸々と受容する諸将を率い、上杉の討伐に向かった。その途中、石田三成が大坂で挙兵。小山でその報《しら》せを受けた家康は、しめしめと軍を返すわけです。

問題はここ。ぼくは兼続は、男らしくあろう、武人であろう、と強く意識した人物に思えます。それは彼が「恋」をメインテーマとする和歌ではなく、漢詩を愛したこと。春雁の詩句でも明らかなように、花の都でなく北の故郷を愛したこと。それに何といっても、前田利長のようには徳川におもねらなかったこと。これらの点から、そう考えるのです。また、兼続は前回ふれたように、あの時期では一級の文化人です。聡明《そうめい》だったと思います。ですので「戦術」は苦手でも、大局を見通す「戦略」には通じていたはずです。

その彼がなぜ、江戸へ帰る家康の背後を突かなかったか。それがぼくには分からない。だって、天下分け目の戦いが眼前にあるのですよ。もしも家康が勝利したら、天下人になるのです。その天下人にならんとする家康に、もう既に上杉は盾突いてしまっている。ならば、上杉が生き残るためには、死中に活を求めるしかないじゃないですか。背中を見せて退却する家康と諸将を、背後から急襲する。それしか、上杉にはなかったはずなのです。でも、なぜか兼続はそうしなかった。なぜ？

❖謎多き兼続の行動を考察してみると…

石田三成が真田家に送った書状が残っています。江戸時代には厳重に保管され、藩主も見たことがなかったそう。それが明治時代に世に知られました。そこには真田家に「どうか私に味方してほしい」ということと、三成の戦略が記されていました。それによると、三成の心づもりとして「上杉と伊達（あれ？　東軍のはずでは？）と佐竹が家康の動きを牽制《けんせい》する。だから家康はそう簡単には江戸から動けないはずだ」「家康が漸《ようや》く西に向かったら、我々（後の呼称でいうと「西軍」になります）は尾張と三河の境（豊橋辺《あた》りか）で迎え撃つ」とあります。三成も上杉の江戸への圧力に期待していたわけです。

でもなぜか、兼続は徳川にあからさまに刃向かったはずなのに、江戸へは進撃しなかった。これは大いなる矛盾であり、疑問です。この妙な動きが、前回お話ししたように、秀吉の言葉として「直江は大気と勇気はあるが、知恵が足りない」と言わしめたのかな。うーん、それでも答えが出ないのです。

しかもそのあと、直江率いる上杉2万の大軍は、北へ向かい、最上《もがみ》領に侵攻を始めました。これまた、なぜなのか。領地を拡大して、家康が再び攻めてきたときに対応しようとした、との説明を見たことがあるのですが、これはおかしい。もし家康の再びの会津攻めがあったとして、今度攻めてくる家康は、すでに「天下人」家康です。かりに東北全域を上杉が手中にしていたとしても、日本列島の主となった家康に対しては、勝ち目は全くありません。それは分かりきったことでしょう。

一つだけ可能性があるとすれば、兼続ほどの俊才にして、「天下は一つ」という状態への理解が足りてなかった、という仮説です。豊臣秀吉が日本を統一したのは1590年。関ヶ原の段階ではまだ10年しか経過していない。だから関ヶ原の戦いで勝利した家康が新しい天下人になる、という感覚がまだよく理解できなかった。そのために戦国大名の本能に従って、上杉は、あるいは九州の黒田官兵衛は、自領の拡大を企図した。

もう一つの可能性として、家康が勝っても、豊臣の天下はそのままだと勘違いした、というのはどうでしょう。家康勢力は勝利し、三成勢力は失脚する。でも、それだけ。上杉も処罰を受けるだろうが、家康との直接の戦いは避けたので、まさか取り潰しはないだろう。家康が取り潰しを主張しても、豊臣政権が首を縦に振るまい。そうした考え方だったのかもしれない、と夢想します。うーん、客観的に見て、あくまで夢想ですね。

ところが兼続の意に反して、関ヶ原で勝利した家康は堂々たる天下人になってしまった。しかもなぜか、戦いの張本人ということも可能な上杉家は所領を30万石に削られたけれど、当主の景勝の切腹や、取り潰しはなかった。それがなぜかは、これまた別に考えねばならない重大な問題なのですが、取りあえずここから兼続は、上杉を守るために奔走する。その結果として、家康の随一のブレーンたる本多正信の子息、正木左兵衛（当時。後の本多政重）を自身の養子に迎え、太いパイプを作った。そんなふうに考えてみます。

前田利長――利家の後継者は家康暗殺計画の首謀者だった⁉

第2章で高山右近を取り上げた際に、豊臣秀吉が亡くなった後の徳川家康と前田利家のことをごく簡単に書きました。でも、これだけだと何が何だかよく分からないだろうな、と思いましたので、反省しつつ、改めて記しておきます。

秀吉が伏見城で没したのは、慶長3（1598）年8月18日。このあと、豊臣秀頼は大坂城に移り、前田利家が後見人として同じく大坂城に入ります。一方で家康は伏見城に入るのですが、秀吉の遺言に背いて諸大名との婚姻政策を推し進めるなど、「律儀者」と評されていた人と同一人物なのか？と疑うほどに、なりふり構わず天下への執着を見せていきます。

家康の行動はあからさまでしたから、石田三成ら奉行衆と秀頼後見人の利家らが家康に釈明を求める動きを見せます。この騒動の中で、伏見の家康のもとには伊達政宗・池田輝政・福島正則・細川幽斎・黒田如水・黒田長政・藤堂高虎・最上義光ら30名近い諸大名が参集しました。大坂の利家の屋敷には毛利輝元・上杉景勝・宇喜多秀家・細川忠興・加藤清正・加藤嘉明《よしあき》・浅野長政・浅野幸長《よしなが》・佐竹義宣・立花宗茂・小早川秀包《ひでかね》・小西行長・長宗我部盛親・織田秀信・石田三成・増田長盛・長束正家・前田玄以・鍋島直茂らが集い、両者は一触即発の局面もあった、といいます（正徳3

〈1713〉年成立の『関ヶ原軍記大成』）。

家康のもとに馳《は》せ参じた諸将は、関ヶ原ではほとんど東軍に属しています。一方、この時点では加藤清正、加藤嘉明、浅野幸長、細川忠興ら、後に東軍に参加することになる諸将が大坂方だったのですね。家康の指針としては、彼らを自派に招き寄せることが当面の行動の指針となったのでしょうし、それはうまくいったのでしょう。

この騒ぎは家康と利家の話し合いで一応の決着を見て、軍事行動には至りませんでした。それにしても前田利家という人の人望には驚かされます。彼はたしかに織田信長の時代からの生き残りですが、大きな戦いで活躍してはいません。財務に明るく、困った大名には快く金を貸して催促しなかったといいますが、人柄が抜群で、後輩諸将から篤《あつ》い支持を受けていたのでしょう。

❖意外にも軽い処罰のワケは？

翌年（1599年）の閏《うるう》3月、その利家が死去します。同年9月7日、家康が秀頼に重陽の節句の挨拶《あいさつ》をするために伏見城から大坂城に入ると、家康を暗殺する計画が発覚します。

それはどういう計画かというと、前田利家の後継者である前田利長、五奉行のひとり浅野長政、秀頼・淀殿側近の大野治長、および土方雄久《ひじかたかつひさ》が、大坂城入城中の家康を襲撃し暗殺するというものでした。計画の存在を密告したのは、五奉行の一人である増田長盛であったといいます（寛永年間成立の『慶長年中卜斎記』）。

10月2日、暗殺計画への加担者に対する処分が家康から発表されました。長政は隠居して武蔵府中に蟄居《ちっきょ》。治長は下総結城、雄久は常陸水戸に流罪。翌3日には首謀者である利長を討伐すべく、「加賀征伐」の号令を大坂に在住する諸大名に発しました。金沢にいた利長はこの報に接して迎撃か弁明かを迫られ、腹心の横山長知《ながちか》を家康のもとに派遣して弁明に努めました。

長知は、利長に家康への叛意《はんい》なし、と強調しました。それを証明するために、慶長5（1600）年正月に利長の母の芳春院（おまつの方）、前田家重臣の子どもたちが江戸に人質として赴くことになりました。

さて、これが家康暗殺計画とその顚末《てんまつ》なのですが、一番大切なのは、人質を江戸に出すということは、「前田は徳川の家来になります」と言うに等しい、ということです。幕府が開設されると江戸には諸大名の人質（大名の正夫人と後継の子どもは江戸暮らし）がたくさんやってくるわけですが、その第一号がおまつの方だった。これは俗におまつの方が「これからは徳川の時代だ。私が人質として江戸へ赴くから、前田の家と金沢を頼む」と利長を説得したことになっていますが、これは怪しい。当時の前田家には親・豊臣派と親・徳川派があり、利家以来の重臣たちは親・豊臣、利長と彼の家臣は親・徳川、おまつの方は親・豊臣のシンボルと考えたほうがすっと納得できるのです。徳川への従属、母の江戸行きを決定したのは利長と見て間違いないでしょう。

もう一つ。本当に家康を討つ計画があったなら、罪が軽すぎる。家康の命を本気で狙ったのなら、失敗したときは切腹を命じられても文句は言えません。それなのに、流罪ですんでいて、しかもすぐに許されているのです。とすると、浅野長政などは前田を窮地に陥れるために、一芝居うったのではないかと考えられます。家康とグルだったかも。秀頼の実父では？との疑いもある淀殿の幼なじみ（淀殿の乳母の息子）の大野治長、おまつの方の義弟ともいう土方雄久については、いま、ない知恵を絞って考慮中です。次週にもう少し詳しく述べましょう。

前田利長――実は「家康暗殺計画」はなかった？

慶長4（1599）年閏《うるう》3月3日に前田利家が病没すると、その日のうちに、加藤清正や福島正則らが治部少輔《じぶのしょう》（石田三成）を討て！と小規模ながら軍事行動に出ます。これを普通に解釈すると、①清正らは三成を奸物《かんぶつ》と見ていて、三成の排除を以前から訴えていた、②その動きを豊臣秀頼の守り役である前田利家は「露骨な権力争いは豊臣のためにならぬ。やめろ！」と必死になって止めていた、③その利家が没したので清正たちはすぐさま実力行使に出た、ということになりますよね。それで、その①〜③の延長には、④五大老の筆頭である徳川家康なら、おれたちの決起を止めない。なぜなら徳川殿は三成を快く思ってないから、という認識があったように推測できます。

でも、結局、家康は三成の命を救った。軍事行動を起こした清正らを処罰しない代わりに三成は政務から引退し、大坂を退去、本拠である佐和山城で謹慎、というかたちでけりが付きました。もし家康が政治の実権を握りたい、という思いでいたなら、三成をなきものにしていたのではないでしょうか。でも家康の狙いは豊臣政権のもとで実権を握ることにはなく、豊臣の天下そのものをぶち壊すことにあった。そのためには列島規模の「大きな戦争」が必要だった。だから火種となり得る三成を生かした。

そう捉えるべきだと思うのです。何より、家康は戦いをくり返すうちに、織田の天下を奪取した秀吉を、実際に見ているのです。それをまねない手はないのではないでしょうか。

列島規模の「大きな戦い」には、「大きな敵」が必要となる。佐和山19万石の三成では力不足です。そこで彼が目を付けたのは、父を失った前田利長。すると折よく、前田利長に謀反の疑いあり、と増田《ました》長盛が密告してきた。前田利長と浅野長政、大野治長《はるなが》、土方雄久《かつひさ》が大坂城で家康を討つという計画です。

この前田利長の家康暗殺計画、どうも怪しい。先ず密告者という増田長盛。この人は五奉行の一人で、三成と並んで豊臣文官の筆頭株。ところが何とも去就の定まらぬ御仁で、関ヶ原の戦いの時は表面上は西軍として活動しながら、西軍の内情をスパイし、家康に伝えていました。その出処進退のコウモリぶりが家康に嫌がられ、戦いの後に改易。さらに大坂の陣後には自害を命じられています。

浅野長政も五奉行の一人。秀吉の妻・北政所《きたのまんどころ》と、長政の妻は姉妹、もしくは義理の姉妹。血縁者の少ない秀吉にとっては、貴重な身内の一人です。ですがどうも戦働きは苦手だったようで、出世は遅かった。太閤検地などでようやく働きを示して、息子の幸長《よしなが》とともに甲斐国20万石余りを与えられました。

ところが、この長政。人生の長い期間を「長吉」の名ですごしていた。秀吉の一字を拝領していたのは間違いない。ところが、秀吉が死ぬと長吉の名を捨て、長政と名乗った。これだけでも、なんだか「私は秀吉様と距離を取ります」と宣言しているかのようです。当然、新たにすり寄る先は、家康でしょう。

❖深謀渦巻く乱世

暗殺計画に加担したという長政は武蔵・府中に謹慎。ですが関ヶ原の戦いの後、息子幸長の浅野本家は紀伊の大大名に。長政は家康の近臣となり、本家とは別に常陸・真壁に5万石の所領を拝領。この5万石はやがて播州・赤穂《あこう》に国替えとなり、彼の子孫に浅野内匠頭《たくみのかみ》が出現する、ということになります。まあそれはさておき、自分を殺そうとした人物をこんなに厚遇するものでしょうか。長政は家康とグルであって、利長による家康暗殺計画をでっち上げたと見るほうが自然だと思うのです。

その観点からすると、土方雄久はどうなるか。この土方氏というのは、織田信長の次男、信雄の第一の家臣。雄久はもっとも出世したときには、犬山で4万5000石を領したといいます。信雄の没落後は秀吉に仕えて1万石ほど。その状態で家康暗殺計画に加担しますが、これまた常陸の大大名である佐竹家にお預け、というゆるい罰のみ。関ヶ原前後に正式に許され、越中・布市《ぬのいち》1万石を拝領。この領地は後に没収されますが、彼の庶長子である雄氏《かつうじ》の伊勢・菰野《こもの》1万2000石は幕末まで続きます。

この土方氏も、どうも家康とグルくさい。しかもこの土方氏、前田のお袋様、おまつの方と縁が深いようなんです。というのは、おまつの方の実家だという説がある。彼女の実家は、普通、篠原家といわれ、同家は加賀百万石の重臣になっています。ところが『土方家譜』という資料は、雄久の父・信治は土方俊治の娘の婿、俊治のもう一人の娘がおまつの方、としています。つまり、おまつの子である利長と雄久はいとこ。こうした関係を踏まえると、前田利長による暗殺計画をでっち上げる際、雄久の名が持ち出されるのは、何となく分かるような気がする。彼もまた、もう一度言いますが、グルだった気がします。

そこにいくと、大野治長はよく分からない。秀頼の実父では？といわれる彼がどう関係しているのか。彼もまたぬるい処置で済んでいるのですが、グルだったのでしょうか。治長は家康に許された後、大坂城に帰り、最後まで秀頼の側にいたわけで、そこをどう考えるのか。これはまだ考え中、というところです。

前田利長——国宝の寺にみる〝込められた畏敬の念〟

富山県の高岡市に瑞龍寺という荘厳な禅宗寺院があります。平成9年12月3日、山門、仏殿、法堂が国宝に指定されました。そのころ文化庁に在籍していた親友（今は工学院大の理事長を務める後藤治くん）とたまたま話す機会があったのですが、「あの頃、暫《しばら》く建造物の国宝指定がなかったんだよな。それで、指定にふさわしい建物を調査していたら、瑞龍寺に注目が集まったんだ。何しろ国宝、我が国の宝だからね。慎重に検討した結果、指定した。あれは時宜に適《かな》った良い仕事だったと今でも思っているよ」と語っていました。

この瑞龍寺、加賀藩2代藩主前田利長の菩提《ぼだい》をとむらうため3代藩主利常の命によって建立されました。時の名匠山上善右衛門嘉広らにより、約20年の歳月をかけて造営されたのです。広大な寺域の周囲には堀がめぐらされていて、いざとなったら城郭としても使用できるようになっているといいます。近くには大名の墓としては指折りの大きさを有する前田利長の墓があります。これも利常によって建てられたもの。利常の利長への思いは、並々ならぬものがあったのだなあ、と感じさせるお寺と墓所です。

前田家の祖、「槍《やり》の又左《またざ》」こと前田利家は織田信長に仕えて立身した武将。長身で槍の名手。信長の親衛隊長から越前に領地をもつ大名に取り立てられ、柴田勝家の部下になります。やがて能登一国20万石の大名となったところで、本能寺の変が起き、上司の勝家は羽柴秀吉と戦います。利家ははじめ勝家に従いますが、賤《しず》ヶ《が》岳《たけ》の戦いに際して友人であった秀吉のもとへ。加賀半分20万石を加増され、金沢を築城します。こののち同じく勝家の配下で、あくまでも秀吉に敵対した佐々成政と激しく戦い、成政が降伏したのちに越中40万石を与えられて80万石の大大名になります。

但《ただ》し、厳密には、越中を与えられたのは、利家の嫡男である利長。利長は成政が本拠とした富山城ではなく、高岡市にある守山城に入って越中支配を行いました。この時、利家と利長はそれぞれが自身の家臣団を編成しました。後の前田家家臣団の対立はここに遠因を求めることができます。たとえば利長の第一の側近であった横山長知《ながちか》は、利長の家臣であって、利家には仕えた経験を持ちません。

まあそれは細かい話で、実質の支配は利長が担当していたとはいうものの、その監督権は利家が有していました。また、利家と利長は、親密な父子でした。ですから利家が80万石を領する大大名であった、と表現しても何ら問題ありません。その実力を持って、利家は豊臣政権の五大老の一人として活躍していました。

❖加賀百万石の礎を少しずつ固めた

問題は利家が秀吉の後を追うように亡くなってから、起こりました。利家の遺領は加賀半国と能登。このうち加賀半国と本拠の金沢は利長のものになりましたが、能登20万石は弟の利政の領地となったのです。このとき利長は38歳。男子がいませんでした。しかもこの先も男子が望めそうにない（梅毒にかかっていて、みんなそれを知っていたようです）。となると、利政が能登を譲り受けたことには、彼が利長の後継者、という含みがあったのではないでしょうか。

利長の母は賢夫人として名高いお松の方です。彼女は利家との間になんと11人の子をなしましたが、3人は夭折《ようせつ》。成人したのは男子が2人、女子が6人。利長の他にお松の方が産んだ男子が利政だったのです。となると、利長の後継が利政というのは頷《うなず》ける。

それでここからはぼくの推量なのですが、関ヶ原前夜、前田家は二つに割れた。親徳川と親豊臣です。それでしばしば親徳川路線を打ち出したのはお松の方と言われますが、ぼくは違うと思います。利家以来の老臣たち、たとえば奥村とか村井とかは親豊臣であり、彼らのシンボルこそがお松の方だった。また彼らはお松の方の子である利政が家を継ぐことを熱望していた。だが、利長は徳川に従うことこそが前田家のため、と判断した。そこで彼女を他の大名よりも先に、江戸に人質に出した。そうした利長を支えていたのが、ぼくは高山右近だったと思っているのです。この状況で前田家は関ヶ原の戦いを迎えた。

郵便はがき

おそれいりますが
切手を
お貼りください。

102-8790

東京都千代田区
九段南1-6-17
毎日新聞出版
営業本部 営業部行

		ご記入日：西暦　　年　月　日
フリガナ		男 性・女 性 その他・回答しない
氏　名		歳
住　所	〒　　- TEL　　(　　)	
メールアドレス		

ご希望の方はチェックを入れてください

毎日新聞出版からのお知らせ ………… ☐	毎日新聞社からのお知らせ（毎日情報メール）… ☐

毎日新聞出版の新刊や書籍に関する情報、イベントなどのご案内ほか、毎日新聞社のシンポジウム・セミナーなどのイベント情報、商品券・招待券、お得なプレゼント情報やサービスをご案内いたします。

ご記入いただいた個人情報は、(1)商品・サービスの改良、利便性向上など、業務の遂行及び業務に関するご案内(2)書籍をはじめとした商品・サービスの配送・提供、(3)商品・サービスのご案内という利用目的の範囲内で使わせていただきます。以上にご同意の上、ご送付ください。個人情報取り扱いについて、詳しくは毎日新聞出版及び毎日新聞社の公式サイトをご確認ください。

本アンケート（ご意見・ご感想やメルマガのご希望など）はインターネットからも受け付けております。右記二次元コードからアクセスください。※毎日新聞出版公式サイト（URL）からもアクセスいただけます。

この度はご購読ありがとうございます。アンケートにご協力お願いします。

本のタイトル

●本書を何でお知りになりましたか？（○をお付けください。複数回答可）

1.書店店頭　2.ネット書店
3.広告を見て（新聞／雑誌名　）
4.書評を見て（新聞／雑誌名　）
5.人にすすめられて
6.テレビ／ラジオで（番組名　）
7.その他（　）

●購入のきっかけは何ですか？（○をお付けください。複数回答可）

1.著者のファンだから　2.新聞連載を読んで面白かったから
3.人にすすめられたから　4.タイトル・表紙が気に入ったから
5.テーマ・内容に興味があったから　6.店頭で目に留まったから
7.SNSやクチコミを見て　8.電子書籍で購入できたから
9.その他（　）

●本書を読んでのご感想やご意見をお聞かせください。

※パソコンやスマートフォンなどからでもご感想・ご意見を募集しております。
詳しくは、本ハガキのオモテ面をご覧ください。

●上記のご感想・ご意見を本書のPRに使用してもよろしいですか？

1. 可　2. 匿名で可　3. 不可

利長は東軍に属し、前田勢2万を率い、畿内へと進もうとした。ところが越前に入ったところで、急に進軍を止め、金沢に引き返します。その理由は今以《もっ》て定かではありませんが、ぼくは利政らが西軍に通じ、何らかの動きを示したからではないかと考えます。それで金沢に帰還し、西軍に味方する周辺の動きを制圧したのではないか。

戦いの後、幸運なことに、徳川家康は前田家に穏やかに接しました。利政こそ浪人を余儀なくされますが、能登は利長のものとなり、前田勢が実力で奪取した加賀半国も前田領となった。ここに加賀百万石が成立したのです。でも利長はまだまだ危険と受け止め、異母の弟たちの中から利常を後継者に定めて、徳川秀忠の次女・珠姫《たまひめ》をその妻に配します。その上で13歳の利常に金沢城を譲り渡し、自身は越中の富山城に隠居します。徳川の婿となった利常を尊重する姿勢を内外に示したのです。

こののち利長は富山城が火災に遭ったため、高岡城を築いて移り住み、そこで没します。利常はながく藩主の座にあり、前田百万石の基礎固めに尽力しました。名君との評価を得ています。この利常にしてみると、自分の恩人といえば、父の利家ではなく、兄である利長でしょう。お松の方をはじめ、重臣たちの間には、なんとか利政を再び世に出したい、という動きがありました。それを抑えて、利常を支持し続けたのが利長でした。彼が亡くなった高岡の地にある瑞龍寺と巨大なお墓に足を運ぶと、利常の利長への感謝と敬慕の気持ちが伝わってくるように思います。

立花宗茂――忠誠心溢れる家臣を持った〃人間力〃

今回は、戦国時代末期、名将・軍神の呼び声が当時から高かった立花宗茂（1567〜1643）です。筑後・柳川に10万石ほどの領地をもっていた中規模の大名です。10万石ですので、どうがんばってみても、立花勢は3000どまり。でも、彼が率いる軍勢は、無類の強さを誇った。やはり名将として知られた小早川隆景（毛利元就の子。豊臣秀吉にも重んじられた）からは「立花勢3000は1万の兵に匹敵する」と賛辞を贈られています。

その彼に、ある人が「どうやったら合戦に勝てるのですか？」と聞いてみたら、拍子抜けするような答えが返ってきた、という話があります。「特別な工夫があるわけではありません。戦場で唐突に『行けー！』とか『死ねやー!!』と大声で命令してみても、部下は言うことを聞きません。常日頃から人間関係に気を配り、部下たちと親密な関係を築いてこそ、勇敢に戦う軍事集団ができあがるのです」。まあ、分かるけど。何だか、ありきたりだなー、という感じの答えですよね。

この話は一級資料とは言えない『名将言行録』に収録されているので、そのまま史実ではないでしょう。でも調べてみると、宗茂が率いる立花勢は、中堅の将校の戦死率がきわめて高い。たとえば朝鮮出兵での有名な「碧蹄館《へきていかん》の戦い」。この明軍との決戦で立花勢は先陣を承って大活躍をし、日本軍を勝利に導くのですが、戦いの様子を辿《たど》ってみると、立花勢3000のうちの50人とか100人ほどを率いた中堅将校が次々に斃《たお》れている。

将校が命を惜しまずに前進していくから、兵たちも足を止めずについて行くのでしょう。そして、なぜ将校クラスの武士が戦場で死すのを厭《いと》わないのかというと、主人である宗茂への忠誠心に溢《あふ》れていたからでしょう。そのことを踏まえて冒頭の話に戻ってみると、なるほど、そういうことか、と納得できるような気がします。

同じ戦国時代でも、中国の戦国時代の政治家・軍人・兵法家として名高い呉起（BC440〜381）に同じような話があります。彼は後世、兵法家としての名声が高まり、兵法書『呉子』の著者ということにされました。『孫子』と並び称され、「孫呉の兵法」といわれています。ビジネスにも生かせる書として、読んだことのある方もいらっしゃるのではないでしょうか。

呉起が魏で将軍の任にあった時の話です。彼は軍中にある時、兵卒と同じ粗末な食事をし、同じく粗末なベッドで寝ていました。兵士の中に傷が化膿《かのう》した者があると聞くと、膿《うみ》を自分の口で吸い出してやりました。それを見た兵士の母が嘆き悲しみ、涙を流しました。周囲が「えらい将軍さまが直々《じきじき》にやってくださっているのに、なぜ泣くのだ」と聞くと、母は答えました。

「あの子の父親も、将軍に膿を吸っていただいたのです。彼はたいそう感激し、将軍のためなら命もいらない、と敵に突撃し戦死しました。あの子もきっとそうなるに違いない。そう思って嘆き悲しんでいるのです」。これが「吮疽《せんそ》の仁《じん》」と呼ばれる逸話です。呉起が率いる軍勢は他を圧する強さだった。それは兵卒に至るまで、呉起に心服して命を惜しまずに働いたからだったのです。

❖養父に厳しく鍛えられ家臣の信頼を勝ち取る

立花宗茂は豊後の戦国大名・大友家きっての名将、立花道雪（1513～1585）の子です。といっても実子ではなく、養子です。実父はこれまた勇将として名を馳せた高橋紹運（1548～1586）。大友家は一時、九州のうちの6カ国を支配するというほどの強盛を誇っていました。ところが、天正6（1578）年、日向国に侵攻したために起きた島津氏との戦い、耳川の戦いにおいて思いも寄らぬ大敗を喫し、多くの宿老・重臣を失い、家運が一挙に傾きました。道雪と紹運は商都・博多を守り、北九州を防衛する任についていたので耳川での戦いに参加していなかったのですが、このあと、九州の多くの領主から離反されてしまった大友家のために、厳しい戦いを続けたのです。

戦上手の評判をほしいままにしていた道雪には男子がいませんでした。そのため、同僚であり後輩でもある高橋紹運に、長男・宗茂を養子に迎えたいと強く望みました。宗茂の器量を高く評価していた紹運は拒んだのですが、道雪の度重なる要請に折れて、15歳の宗茂を立花家に送り出します。ここに立花宗茂が誕生したのでした。

道雪は厳しく宗茂を鍛え上げました。道雪のもとには、主君・道雪を敬愛する、実力派の家臣がいます。道雪は当然として、彼らからの信頼も勝ち得なくてはならない。これはきついですね。周りは全部、敵とはいわぬまでも、自分をシビアに品定めしてくる猛者ばかりなのですから。しかも極めつきは妻で、父の道雪からいったんは立花の家督を譲られた正真正銘の女城主、猛女・誾千代《ぎんちよ》です。

こんな環境に置かれたら、人は暴発するか、逃げ出すか、人並み外れた人格者になるか、ではないでしょうか。そして宗茂は「この殿のためならば！」と、家臣たちに惚《ほ》れ込まれる「立派な主君」になったのでした。宗茂は関ヶ原の戦いにおいて西軍に味方し、城も領地も失いました。この時、少なからぬ家臣たちが「バイトして殿を養ってさしあげようぜ！」と彼の元に残ったのです。それは、すなわち、宗茂のすぐれた人間性を表している証しだったのでしょう。

小早川秀包――順調に出世を続けたエリート武将の苦悩

立花宗茂を取り上げたので、今回は彼としばしば共闘した小早川秀包《ひでかね》を取り上げてみようと思います。秀包は優秀な青年武将で、宗茂と組んで赫々たる戦果を挙げた。名誉も得た。でも、違うんじゃないか。彼には人知れぬ内面の苦悩があったように思います。

秀包は永禄10（1567）年、毛利元就の九男として生まれました。元就は戦国武将には珍しい愛妻家でした。吉川《きっかわ》氏から迎えた妻一筋で、夫婦には三男一女があった。でも彼女は天文14（1545）年、元就が50歳の時に亡くなってしまいます。体が頑健だった元就はここから何人かの女性を妻妾《さいしょう》として迎え、男子だけでも6人の子をなしました。すごいですね。秀包が生まれた時点で、家を継いだ長兄の隆元はすでに死去しており、父の元就は71歳、当主かつ甥《おい》にあたる輝元（隆元の嫡子）は14歳でした。

天正7（1579）年、13歳の時に、兄の小早川隆景の養子となりました。元服して小早川元総《もとふさ》を名乗りました。天正11（1583）年、人質として大坂の羽柴秀吉の下に送られました。秀吉に気に入られたようで、「秀」の字を賜り、秀包と改名します。

翌年からは小牧・長久手の戦いや他の秀吉の合戦に従軍しました。天正13（15

された挙げ句、小早川家から追い出されてしまったのですから。13万石の大名の地位は残りましたが、それでごまかせると思うなよ、という気持ちだったのではないでしょうか。

もしかすると、養父の隆景を怨《うら》む気持ちもあったのではないか。最新の研究では、隆景は秀秋を受け入れる見返りとして、五大老の一人としての政治的地位を手に入れている、というふうになってます。これが正しければ、なんだオレのことなんてどうでも良いのかよ、と秀包が思っても仕方ない。

だから彼は、西軍につく義理はない、と思っていたでしょう。でも毛利一門の総師の輝元が、西軍の大将を拝命してしまった。そのため、毛利一族の動向に従って、やむなく西軍に属した。ところが肝心の決戦では、小早川秀秋の裏切りがあり、南宮山に陣した毛利勢の不戦もあって、西軍は敗れた。いったいぜんたい、どうなってるんだ！と秀包は叫びたかったでしょうね。

白井景俊という武士がいました。秀包が5歳の時から30年、付き従っていた筆頭家老です。景俊は秀包が没すると、追い腹を切りました。私には殿の無念が痛いほど分かりますぞ。私だけでもお供いたします。景俊は主人のやるせなさに付き合ったのかもしれませんね。

大野治長——家康暗殺計画にも深く関わる?謎多き人物

調べているうちに面白いことに気がついたので、前回とは打って変わって大野治長《はるなが》を取り上げます。治長は大坂の陣で豊臣秀頼の重臣として登場しますが、氏素性はほとんど分かっていません。秀頼の実父ではないかとの噂《うわさ》もある彼ですが、いったいどういう人だったのか。それを探っていきましょう。手がかりは、前田利長による、家康暗殺計画から。

豊臣秀吉が没すると、徳川家康は福島正則と勝手に縁組するなど、徳川派の拡大に奔走し始めました。その動きを咎《とが》めだてたのが、家康と同じく五大老の一員であり、秀頼の守り役でもあった前田利家でした。実のところ、家康に文句を言えるのは、格から見ても、大名たちからの信望の厚い利家くらいだったのです。このため、大坂城の利家と、伏見城にいた家康とのあいだには、一時、一触即発の空気が流れました。けれども両者の話し合いで、衝突は何とか回避されました。

慶長4(1599)年閏《うるう》3月3日、その前田利家が病死しました。跡を継いだのが嫡男の利長です。利長は五大老に加わり、豊臣秀頼の守り役も引き継ぎました。利長は否応なく、「対徳川の一番手」的な立場に立たされたのです。けれども、家康の経験や力量との差を一番痛感していたのは、利長自身ではなかったでしょうか。その証拠に、彼は同年8月、家康の勧めに従って大坂城を退去し、金沢へ帰国してしまいました（『三壺記《みつぼき》』）。利家の遺言では、3年は上方を離れるな、とあったにもかかわらず。権力闘争の鉄火場から逃亡したと言われても仕方がない。戦わずして家康の軍門に降ったかのように見えてしまいます。

ところが、家康はそれで一件落着とし、前田家をそっと見逃してくれるような甘い人物ではありませんでした。利長をさらに追い詰める策を打ってきたのです。翌9月、増田長盛《ましたながもり》などが密告します。利長、浅野長政、土方雄久《かつひさ》、大野治長が家康の暗殺を計画している、と。この密告にすかさず対応した家康は、利長に謀反の動きありと断じ、加賀征伐をぶちあげます。

驚いた利長は覚悟を決めました。家康と戦う覚悟ではありません。家康に土下座する覚悟です。腹心の横山長知を急ぎ家康のもとに派遣し、①前田家は決して徳川家に逆らわぬこと、②その証しとして、実母の芳春院（お松の方）を江戸へ人質として送ること、を約束しました。ここまでの決意を見せられたことで家康は納得し、利長に謀反の動きなし、と前田を許しました。ただし、彼に同心した、とされたメンバーは有罪となりました。浅野・土方・大野は、流罪に処されたのです。

❖氏素性は不明なれど　秀吉より知行を得る

でも、調べてみると、どうも怪しい。まず浅野。彼は息子の幸長《よしなが》と共同で甲斐《かい》一国、22万石を領知していましたが、家督を譲るかたちで甲斐を息子の幸長に任せ、武蔵の府中に謹慎しました。ところが彼は元々家康と親しく、関ヶ原の戦いでは江戸城の留守居役を務めています。家康に近侍し、関ヶ原で東軍として戦った息子の幸長が紀伊37万石へ加増転封されたのとは別に、常陸・真壁5万石（これが後に赤穂・浅野家となる）を与えられているのです。

次に土方。彼は織田信雄に仕え、のち秀吉の配下となりました。越中国新川郡の野々市（富山市の布市）に1万石。この事件で改易され、常陸国の佐竹義宣に預けられました。ところが慶長5（1600）年、関ヶ原の戦い前の会津征伐の際、小山にいた家康に召し出され、罪を許されます。徳川秀忠に気に入られ、再び野々市に1万石の所領を与えられました。のち越中の所領は能登国石崎（石川県七尾市）ほかに替えられ、慶長9（1604）年、下総国多古（田子）に5000石が加増されます。秀忠の御《お》伽衆《とぎしゅう》を務め、秀忠は外桜田の土方邸にたびたび御成を行ったそうです。

最後に大野。この人はお母さん（大蔵卿局《おおくらきょうのつぼね》）が、浅井長政とお市の方の娘である淀殿の乳母となった縁で世に出ました。出身は尾張国葉栗郡大野村（愛知県一宮市浅井町大野）であろうと推測されています。大蔵卿局および治長は、浅井家の小谷城《おだに》の頃よりずっと淀殿に付き従っていたと考えられますが、治長の前歴は不詳といって過言ではありません。どうも淀殿が秀吉の側室となった天正16（１５８８）年頃に、彼も秀吉の馬廻《うままわ》りに取りたてられたようです。秀吉からは１万石の知行を与えられていました。

利長の事件では10月２日に流罪が決定し、下総国の結城秀康のもとに預けられました。ですが翌年の７月24日、雄久とともに家康に目通りし、罪を許されました。関ヶ原の役では東軍に属して参戦、本戦では先鋒《せんぽう》である福島正則隊に属して奮戦したようです。戦後は家康の命で「豊臣家への敵意なし」という家康の書簡をもって大坂城の豊臣家への使者を務めたのち、江戸には戻らずそのまま大坂に残りました。

こうして見ていくと、家康のお気に入りとして５万石を貰《もら》っている長政は別格としても、雄久と治長も、家康の命を狙ったにしては実に簡単に許されています。どうも怪しい。出来レースを思わせます。次回は、この後の大坂の陣で重要な役割を果たすことになる、大野治長の身辺を掘り下げていきます。

大野治長——家康暗殺を企てるも軽罪のワケは

金沢の前田利長が徳川家康の暗殺を計画した。それに加担したのは浅野長政、土方雄久《かつひさ》、大野治長《はるなが》。ところが利長は、そんな大それたことは決して企てておりません、と必死に弁明した。さらに、これからも徳川さまに刃向かうことは絶対にありません。誰よりも大切な母親・お松の方を江戸に人質に送ります（江戸の人質第1号）、と言葉を重ねた。それならば、と家康も納得した。けれども浅野、土方、大野は流罪に処せられた。これが関ヶ原の戦い前に起きた、前田利長による家康暗殺未遂事件の顚末でした。

けれどもこの事件、どうも怪しい。家康の暗殺を謀ったにしては、浅野、土方、大野は罪が軽い。しかも彼らはすぐに許されていて、浅野長政に至っては、家康のお気に入りになって、領地まで貰《もら》っている。ということは、彼ら三人は前もって因果を含められていて、利長の糾弾に一役買っていたのではないか。

ではなぜ彼ら三人か。結論から言うと、彼らは前田家と縁が深い。それで、陰謀を企《たくら》むときに、利長の相談相手、共謀の相手にふさわしかった。だから家康によって彼らが選ばれ、「このあと悪いようにはしないから」と耳元で囁《ささや》かれて、利長の罪をでっち上げる側に回った。そんなところではないでしょうか。

浅野長政と前田はどんな関係かというと、長政の妻と、豊臣秀吉の奥さん・おねさん（北政所《きたのまんどころ》）は姉妹（血は繋がっていない可能性が高い）。おねさんと前田利家の妻・お松の方は昔から仲良し。とすると、長政の妻とお松の方も少なくとも顔なじみ、仲良しだった可能性もある。利家とお松の方の五女（天正5年生まれで名は与免と伝わる）が浅野の嫡男・幸長《よしなが》と婚約していたのは、この関係からでしょう。この婚姻は五女が16歳で亡くなったために実現しなかったようですが。浅野と前田の縁が深かったというのは、確実だと思われます。

次に土方雄久について。『土方家譜』によれば、雄久の父・信治は土方俊治の婿養子とあります。俊治のもう一人の娘が前田利家に嫁いだお松の方。ですから、利長と雄久は、母親が姉妹である従兄弟《いとこ》としています。また信治の実の姉妹が太田吉定という人物に嫁いでいるが、雄久の弟が太田の家を継いだ。これが前田の重臣となった太田長知《ながとも》で、長知はお松の方の甥《おい》、と金沢藩の資料にあるのはこの『土方家譜』のデータを踏まえていることになります。ただし、お松の方は、篠原という家（これも金沢藩の重臣）の出身であるとする資料もありますので、『土方家譜』が正しいか否かは、にわかには断じられません。でも土方雄久が家康暗殺事件の前には越中の布市（富山市）に、事件後には能登国に1万石ほどにせよ所領を得ているので、雄久と前田家は関係が深かった、とすると『土方家譜』の記述も信用できるのではないか、とぼくは考えています。

❖知られざる大野家の系譜

こう見ていくと、浅野、土方にはなにがしか前田との関係がうかがえる。では大野はどうか。これまた前田との関係があるのではないか。とすると、人間的な関係性がまったく分からない大野治長のことを知るよすがになるのではないか。そう考えて、探ってみました。すると、治長の妻は、法名が南陽院殿涼巌受招大禅定尼。その名が『妙心寺雑華院過去帳』にある。しかも妙心寺雑華院には、彼女の絵があるらしいのです。

雑華院。聞き覚えがあります。「ざっかいん」もしくは「ざっけいん」と読むこの寺は、牧村利貞が実弟の一宙東黙《いっちゅうとうもく》（妙心寺79世）を開山とした寺です。利貞は美濃の稲葉重通の子。重通の養女が春日局です。秀吉に仕え、伊勢に2万石ほどを与えられていました。朝鮮出兵に際して渡海し、戦地で48歳で病没しています。

利貞はキリシタンでした。また、千利休の高弟でした。キリスト教、茶人とくれば高山右近ですが、利貞と右近は仲が良かった。ともに「利休七哲」に数えられています。利貞の没後、幼かった彼の娘、おなあは前田家に引き取られて育てられました。右近は前田の客将でしたし、前田利長も利休の高弟でしたから、その縁でしょう（利長もはじめ「利休七哲」に名を連ねていたが、なぜか削除され、瀬田掃部《かもん》が加えられた）。

成長したおなあは前田直知（利長の長姉の子）の妻となって二人の子を儲《もう》けますが、突如、離縁されます。姑《しゅうとめ》である幸姫（利長の長姉）との折りあいが悪かった、といいますが、キリスト教者を父に持ち、また高山右近と親しかったことを忌避されたのでしょう。離縁されたおなあは叔父の一宙禅師が住職を務める雑華院に身を寄せ、のちに数奇な運命を辿《たど》ることになりますが、それは別にご紹介しましょう。

ともあれ、雑華院と縁の深いおなあが、前田家の関係者であることは確認できました。その雑華院の過去帳に、大野治長の妻の名があり、彼女を描いた絵も雑華院にある。治長の妻は牧村氏と関係があったのではないか。とすると、その夫である治長はどうか。大野家は尾張の葉栗郡の出身であるらしい。同郡は尾張と美濃の国境にあり、牧村利貞の実家である稲葉家の勢力圏に近い。となると、大野家と前田家は、やはりなんらか関係を持っていたのではないか、と推測されますが、残念ながら追跡できたのはここまでです。引き続き、大野治長の系譜を調べていきたいと思います。

小笠原秀政 ——— 秀吉から「秀」の字を賜り、家康にも厚遇された

第1章で書いた徳川家康の話の続きになるのですが、ちょっと妙なところから話を始めます。信濃の源氏として有名な家に小笠原家があります。甲斐国の地名に由来するこの家は、武田家と並ぶ名門として鎌倉時代を生き抜き、室町時代には松本に本拠を置いて、信濃国の守護に任命されました。伝統的な弓術を伝える家としても有名で、弓術を中心とする礼節の体系、小笠原礼法を今日に伝えています。

小笠原家は、強力な戦国大名に成長することはできませんでした。小笠原に代わる勢力もないまま、信濃は武田信玄の攻撃を受けることになります。天文17（1548）年、小笠原長時は北信の村上義清らとともに武田軍と戦いますが敗退（塩尻峠の戦い）、以後、諸国を放浪することになります。

長時は京都に上ったり越後の上杉謙信を頼ったり、さらには会津の芦名氏に面倒を見てもらううちに、会津で没しました（家臣の坂西某に殺害されたという）。息子の貞慶は足利義昭、織田信長に仕え、本能寺の変の後には信濃の旧領回復を狙って徳川家康の家臣になります。そして家康の助力を背景に、ついに松本を回復したのです。

これで小笠原家の長い放浪も終わりかと思いきや、そう簡単にはいきません。天正13（1585）年、貞慶の徳川家における上司であった石川数正が、豊臣秀吉のもと

に出奔しました。すると、貞慶もあっさり家康を見限り、秀吉に臣従することにしたのです。彼の長男の貞政（時に17歳）が人質として数正に預けられていて、その貞政を数正が連れて行った、ということも理由になるとは思いますが、貞慶はまあ数正の行動に乗っかって、家康より天下人の秀吉を選んだのでしょうね。その方が出世が見込めると。

貞慶の子の貞政は秀吉から「秀」の字を賜り、秀政と名乗りを改めました。4年後には貞慶から家督を譲られ、小笠原家の当主となりました。同年、秀吉の仲介で家康と和睦し、家康の孫娘の登久姫《とくひめ》（松平信康の忘れ形見）を娶《めと》ることを許されました。このあたりは、小笠原家にとって良い風が吹いていていました。

ところがまた事件が起こります。天正18（1590）年、小笠原勢は秀吉の北条氏攻めで軍功を挙げたのですが、貞慶が秀吉の機嫌を損ね、所領をすべて没収されてしまいました。すると、小笠原父子はもう一度、家康に臣従を申し出たのです。おいおい、一度裏切ってるのによく頼んだな、図々《ずうずう》しいな、と思うのですが、なんと家康は快くこれを迎え入れました。しかも徳川が関東に移封されると、下総国古河《こが》に3万石を与えたのです。

家康はケチで有名です。譜代筆頭の酒井家ですら、下総の臼井というところで約4万石。古河は室町時代後期に古河公方《くぼう》の本拠地になっていて、町が発展していた。それを考えると、この待遇は厚遇といってよいでしょう。貞慶は古河で亡くなりました。

❖当主没後も家は存続し、領地を広げた

関ヶ原の後、秀政は信濃国飯田5万石を与えられました。信濃に帰ってきたのです。それでほっとしたのか、慶長12（1607）年、出家して家督を長男の忠脩《ただなが》に譲りました。そして慶長18（1613）年、小笠原氏はついに父祖の地に帰り、信濃国松本8万石の大名となったのです。注目すべきは忠脩の妻で、彼は母である登久姫の実妹の子、つまり母方のいとこである亀姫と結ばれています。松平信康の血を引く女性が、2代にわたって小笠原家に入ったことになります。

慶長20（1615）年、前年に始まった大坂の陣は、大詰めを迎えていました。小笠原父子は出陣し、天王寺・岡山の戦いに参加しました。大坂落城1日前、あとのない真田幸村・毛利勝永らは徳川本陣に向けて果敢な攻撃を仕掛けました。この大坂方の攻撃を受け、小笠原父子は戦死を遂げてしまいました。忠脩はその場で討ち取られ、秀政は傷を負って戦場を離脱したものの、まもなく息を引き取りました。

さあ、たいへんだ。小笠原家は大殿と若殿を同時に失いました。すると家康は、忠脩の弟である忠真に家督を継がせ、兄嫁である亀姫との結婚を命じました。忠真は播磨国明石10万石、豊前国小倉15万石と領地を広げ、譜代大名・小笠原家は明治維新ま

で小倉城主として続いていったのです。

いま、譜代大名、と書きました。これは書き間違いではありません。どう見ても信濃の小笠原家は、徳川にとっては外様ではないかと思うのですが、譜代の列に加わっているのですね。これはやはり登久姫の存在がそうさせたのではないかと考えます。家康はケチだ、とも書きましたが、一方で彼は案外と娘婿を優遇する甘いところもある。次女の夫・池田輝政、三女の夫・蒲生秀行には大盤振る舞いです。小笠原家はそれに準じているのではないでしょうか。だから、家康は小笠原貞慶の帰参を許したし、実の叔母さんなら姑《しゅうとめ》仕《づか》えの苦労がなかろうと亀姫も嫁がせたし、二代将軍の秀忠もしっかり面倒を見た。

秀政は古河を治めていたときに、隆岩寺というお寺を建てました。貞政はそこに眠っているのですが、そもそもこのお寺、妻の父である松平信康の菩提《ぼだい》を弔うために建立したのです。ですので今も、同寺には信康の供養塔があるのです。

さてこうして見ていったとき、松平信康が家康と激しく対立していた、と考えられますか？　どう見ても、家康は登久姫に愛情を注いでいて、それが小笠原家にも影響を及ぼしている。家康が信康を憎く思っていたはずは、ないんじゃないかな。

丹羽長重——浮き沈みの激しい人生を歩んだ大名

ご存じの方はかなりの歴史マニアだと察せられますが、丹羽長重という武将がいます。織田信長の重臣である、丹羽長秀の嫡男です。元亀2（1571）年に誕生しています。

丹羽家は尾張守護の斯波《しば》氏の被官でした。詳細な系譜は不明ですが、織田信長の家臣の中では、譜代と考えられます。父の長秀はさまざまな合戦に従軍するほか、安土城普請の総奉行を務め、若狭一国を与えられています。本能寺の変の当時、信長は四国征伐を発令していましたが、この軍勢の「戦《いくさ》奉行」に指名されていたのが長秀で、これは武田征伐の際の滝川一益と同じポジションです。戦勝後には一益同様、四国のうちの一国を与えられるはずだったのではないでしょうか。

信長の横死後は、長秀は一貫して羽柴秀吉を支持しました。秀吉の天下取りに、長秀の貢献はきわめて大であったと評価できましょう。秀吉はこの功に対し、越前国・若狭国・加賀国2郡、全体で120万石余りを与えて報いたといいます。ただし、慶長3（1598）年の検地の数値だと越前が50万石、若狭が8・5万石、加賀（全4郡）が40万石なので半分として20万石。合算しても80万石くらいにしかなりません。数字が合わないナゾは……よく分かりません。

それはともかく、長重ですが、彼は10代から父とともに秀吉の天下取りの合戦に参加。天正13（1585）年、羽柴姓の名字を与えられました。同年に父が死去し、大きな領地を相続。ところが、ここからなんのかのと理由を付けられ、領地を奪われます。結果、天正15（1587）年には、加賀・松任《まっとう》4万石の小大名に成り下がりました。有能な家臣も奪われます。戸田勝成、溝口秀勝、村上頼勝。計数の天才と言われた長束正家（五奉行に出世）、槍《やり》の名手であり茶人並びに作庭家の上田重安、『信長公記』の作者・太田牛一らがそれに当たります。天正16（1588）年、豊臣姓を下賜されました。

その後、秀吉による小田原征伐に従軍し、加賀・小松12万石に加増。このときに従三位、参議・加賀守に叙位・任官されたため、小松宰相と称されました。これはたいへんに名誉なことです。江戸幕府のもとで全国第3位の石高を誇るあの伊達政宗が、大坂の陣の功績でようやく正四位下、参議に任官していることからも、それが分かるでしょう。

❖名誉と官職より領地と家臣が欲しかった!?

慶長5（1600）年、関ヶ原の戦いでは西軍に与《くみ》したために、戦後に改易となりました。ところが2代将軍・徳川秀忠に気に入られて立花宗茂、細川興元《おきもと》、佐久間安政らとともに御伽衆《おとぎしゅう》に抜擢《ばってき》されます。慶長8（1603）年に常陸・古渡《ふっと》1万石を与えられて大名に復帰し、以降少しずつ加増されて、結局は白河10万700石を獲得しました。関ヶ原以前の12万石には届きませんでしたが、ここまで所領を回復したのは、当時から軍神と謳《うた》われた立花宗茂と長重だけ、です。

長重は築城の名手として知られていました。加賀の小松城は名城として知られていたらしく、関ヶ原争乱の際に、金沢を出発した前田勢2万はこの城を攻めることをせずに、近畿方面に行軍しています（対照的に、加賀の大聖寺城には総攻撃をかけ、一日で落としている）。また、関ヶ原後に城主となった陸奥・棚倉城と白河城もともに堅城として知られ、とくに白河城は東北地方には珍しい総石垣の城で、東北三名城の一つに数えられています。父の長秀が安土城築城の総奉行を務めていたことも併せ考えると、丹羽家は築城に手腕を発揮する、腕の良い職人集団を召し抱えていたのかもしれません。

長重は寛永14（1637）年に死去しました。享年67。跡を子どもの光重が継ぎました。光重は陸奥・二本松に移され、丹羽家はこの地を領する10万石余りの大名として、幕末まで続きます。

しかし、これほど浮き沈みの激しい大名も珍しいでしょうね。120万石（実は80万石?）から始まって松任4万石、小松12万石に。関ヶ原の戦いの時には去就を誤って改易。ところがまたそこからじわじわ回復して白河10万石の大名に。

彼の人生でぼくがもっとも問題にすべきだと思うのは、秀吉に領地を削られ、けれど羽柴・豊臣の姓を許され、高い官職を与えられているところです。前回取り上げた上杉謙信は、関東管領の地位と上杉の名跡を大切にしましたが、結局は関東ではなく北陸に出兵して利を得ました。名誉職なんて意味ないなー、オレ間違ってたなーと痛感してたのではないか。そうぼくは思うのです。

長重もそう。彼は領地や家臣を奪われ、その代わりに名誉と高い官職を与えられました。光栄に思っていたでしょうか。秀吉様の前ではとても言えないけど、こんなものをもらっても、何にもならないよなあ、トホホ。そう嘆いていなかったでしょうか。

皆さんはいかがお考えになりますか？

ぼくは先日、経済界のエラい人たちの前で信長・秀吉・家康の人使いの話をしたのですが、質疑応答である社長が「仕事とかやりがいはおカネじゃないから」と発言されたのですね。思わずムッとして、「それは十分におカネがある人の発想だと思いますよ」と反論しておきました。上に立つ人はそれで良いでしょうが、社員さんはどう思うでしょうね。

名誉をどう評価するか。まあこのあたりで、歴史研究者の性格も分かるような気がします。

第4章

百花繚乱戦国外伝編

宮本武蔵——剣豪の一生は謎に満ちていた、が…

第2章では可児《かに》才蔵を取り上げました。戦場で無双の武勇をあらわした勇士でした。でも最終的には福島正則に仕えて、禄高《ろくだか》７５０石なんですよねー。個人的な武力のみでは、これくらいなんでしょう。そこでも書いたように「槍《やり》一本で一国一城の主《あるじ》」なんてのは、まったくの夢物語。出世するには、政治力とか交渉の能力が必須なんですね。世知辛い。

江戸幕府が剣術師範として召し抱えたのはご存じのように柳生家ですが、この柳生家の嫡流は江戸柳生ではなく、「無刀取り」で有名な柳生石舟斎《せきしゅうさい》の長男の家系である尾張柳生。その禄高は６００石。また、柳生とともに将軍家指南役となったのが小野忠明（小野派一刀流）ですが、彼の禄高も６００石。となると石舟斎の五男、将軍に剣を教えて１万石以上を賜った但馬守宗矩《むねのり》は、別格中の別格の存在ということになります。幕府の官僚としての手腕が際だって秀でていたのでしょう。

そういえば、よけいなことを一つ。宗矩の長男が有名な（といっても、今の若い方は知らないかな）十兵衛三厳《みつよし》。故・千葉真一さんが「おはこ」にしていた隻眼《せきがん》の剣豪です。永井豪先生のマンガ『ハレンチ学園』にも名前が登場していましたね。ところで、彼の諱《いみな》、なんて読みますか？　普通は「みつよし」でしょう？　でも、『柳生武芸帳』などの作者で、柳生一族を有名にした作家の五味康祐は「みつとし」とルビを振らせたんです。

なぜだろう?と長く疑問に思っていましたが、ようやく分かりました。江戸柳生はいつしか「俊」の字を通字とするようになって、維新後は子爵に列せられます。一方で尾張柳生は石舟斎宗厳の「厳」を通字として、今に至っています（現宗家は柳生厳《とし》信《のぶ》さん）。それで、柳生正統を称するこの尾張柳生家は「厳」を「よし」ではなく「とし」と読んでいるのです。五味先生はこれを重んじたのでしょうね。

❖軌跡解明のカギは信康ネットワークにあり

さて、ここからがようやく本題です。剣豪の代表、宮本武蔵の一生を取り上げてみましょう。司馬遼太郎が坂本竜馬を世に送り出す前、歴史上の人物で大スター、といえば、宮本武蔵でした。吉川英治によって描かれた孤高の剣鬼の生きざまは、多くの人の支持を集めたのです。

ところが、これはもう広く知られていますが、吉川はけっして、史実としての武蔵を描いたわけではありません。小説なのですから当然といえば当然ですが、吉川自身が述べているように、主としてフィクション。たとえば武蔵の究極のライバルである佐々木小次郎。吉川版ではいわずとしれた美青年。ところが江戸時代の常識では「おっさん」なのです。武蔵の父の敵、という設定もあって、へたすると「おじいさん」。そうした「巌流島の決闘」の絵を見たときには、いやあ、ビックリしました。

それで、今ぼくは、かなり興奮しています。というのは、ぼくなりにではありますが、武蔵の生涯の軌跡が解明できた、と考えているからです。すごいぞ、ぼく！　なあんてつまらない自画自賛する前に、とりあえず書かせていただきます。

本邦初お披露目、

「宮本武蔵はこう生きた！」

それでこの説をお話しする前に、思い出していただきたいことがあります。これは以前に本コラムで紹介した、松平信康（家康の嫡子。若くして信長の命で自刃した）の娘たちが他家と縁を結びながら辿《たど》った軌跡、名づけて「信康ネットワーク」。

信康には娘が二人いました。姉が登久姫《とくひめ》。妹が熊姫《くまひめ》。登久姫は平安時代末以来の名門、小笠原家の秀政に嫁ぎました。この婚姻により、小笠原家は「徳川家の譜代」の地位を入手しました。

登久姫は数人の男の子を産みました。長男が忠脩（ただなが、と読む）、次男が忠《ただ》真《ざね》です。忠脩は信州・松本8万石を領していて、彼の元には母の妹の熊姫が生んだ亀姫が嫁いでいました。いとこ同士の結婚です。亀姫は忠脩の子を懐妊しました。ところが、この幸せいっぱいの状況で、大坂の陣に出陣した忠脩が22歳で戦死を遂《と》げてしまったのです。そこで幕府は忠真に跡を継がせ、亀姫を改めて忠真の嫁としました。亀姫はやがて男子を産み、この子は後に長次と名乗り、忠真・亀姫夫妻によって育てられました。

亀姫の父、熊姫の配偶者は、本多忠政（四天王の一人、忠勝の嫡子）でした。忠政と熊姫の間には忠刻《ただとき》という男子がいました。幕府は大坂の陣によって徳川家に帰ってきた千姫（豊臣秀頼の妻）の再婚相手として、忠刻に白羽の矢を立てました。当時、本多家は姫路15万石。千姫は10万石の化粧料を持参して姫路城に入城しました。また、姫路の東部に隣接する明石10万石には小笠原忠真が入りました。寛永3（1626）年、小笠原長次が姫路領の西に隣接する龍野藩6万石を与えられました。播磨で「信康ネットワーク」地域が拡大したのです。

寛永9（1632）年肥後の大大名、加藤忠広が改易されると、豊前・小倉藩主であった細川忠利が熊本54万石に加増・移封されました。それに伴い、小笠原忠真は小倉15万石に加増・移封、小笠原長次は豊前・中津8万石に加増・移封、また忠真の弟で、登久姫を母にもつ忠知が細川領だった豊後・杵築4万石を立藩しました。細川忠利の妻は千代姫。彼女は小笠原秀政と登久姫の娘。忠真の妹で、忠知の姉。今度は九州に「信康ネットワーク」が広がったわけですね。

このことを踏まえると、武蔵の軌跡が解明できるはず！

宮本武蔵——謎多き剣豪「はるのぶ」は、無敗伝説も謎

さて、それでは宮本武蔵です。実はこの一文だけでもう大問題。あの日本随一の剣豪の名前はなんていうのでしょう？　いや、宮本武蔵、って書いたじゃないかって？そうなのですが、彼は自著である『五輪書』には「新免武蔵守藤原玄信」って署名しているのです。

藤原は「かばね」。これはよい。玄信というのは「いみな」ですね。はるのぶ、と読むのでしょう。彼が「はるのぶさん」だなんて、歴史通じゃないと知りませんね。加えて、私たちは彼を「武蔵」として漠然と認識しているわけですが、これって「武蔵守」という朝廷の官職の略称なんです。大岡越前とか吉良上野と同じ。

問題なのは、彼の名字です。新免。うん、聞いたことがある。じゃあ、宮本っていうのは、何なのか。正式には新免で、気分次第で宮本を使う？　そんなことがあるのかな？

ここで彼を考えるときの根本の史料を紹介します。それは「小倉碑文」。彼の養子である宮本伊織が武蔵の菩提《ぼだい》を弔うために、武蔵が没した9年の後、承応3（1654）年に豊前国小倉藩領の手向山《たむけやま》（現在の福岡県北九州市小倉北区と門司区との境にある山）の山頂に建立したもの。高さ4・5mの自然の巨石に和風漢文で千

百余文字の顕彰文が刻まれています。江戸時代には、武蔵のお墓、と認識されてもいたようです。

宮本伊織は小倉藩士で、家老まで務めた優秀な人物です。彼が養父のことを記しているわけですので、「小倉碑文」の内容が、武蔵の生涯をたどる上での第一級の史料として用いられるべきですね。

伊織はこれを建てる1年前に、播磨国の泊大明神社の棟札、通称「泊神社棟札」を上げ、そこに自身の先祖について記した、とされています。そこには当然、武蔵のことも書いてあるのですが、「新免」を「神免」と誤記したり、和風漢文の文法が間違っていたりと、正直なところしっくりとこない。武蔵研究者の方は本物としているようですが、ぼくは使わないでおきたい、と考えます。

それで『小倉碑文』は、武蔵をなんと記しているかというと、やはり「新免武蔵玄信」です。となると、「宮本武蔵」ではなく、「新免武蔵」とするべきでしょうか。でも養子として家を継いだ伊織は「宮本伊織貞次」ですので、宮本という名字はあるわけですが、これについてはナゾのままです。申し訳ない。そうそう、かれが美作《みまさか》国宮本村出身の「たけぞう」という話もありましたよね。ですが、そもそも彼の生国は播磨（後述）ですので、それはウソです。

❖武術に秀でたDNAを持つ

それをふまえて武蔵の父について。武蔵は新免無二という人物の子である、となっています。これは認めてよさそうです。先の『泊神社棟札』には、無二は天正年間に筑前の秋月で没したとあるのですが、明らかな間違いで、武蔵の父としての無二は巌流島の決闘の後も生存が確認されています。

確実な史料である『小倉碑文』には、武蔵は播磨国の出身と明記されています。また、黒田藩の史料から、新免無二が黒田家に仕えていたことが明らかです。そのほか、新免というのは美作にある名字、という事実も参考になります。これらから想像すると、新免無二は美作国の侍で、武術に秀でていた。かれは近隣の播磨国に赴いて、時期は不明ですが、黒田官兵衛に仕えた。そこで安定した家庭をもち、武蔵が生まれた。武蔵の生年は天正12（1584）年か、と推測されています。ちなみにこの年ですと、黒田家は播磨国で5万石の大名でした。

なお、『小倉碑文』には、新免無二は十手術の兵法家で、室町幕府将軍・足利義昭に召され、将軍家師範で扶桑第一兵術者の号を持つ吉岡某《なにがし》と試合をし、一度は吉岡が勝利し、二度は無二が勝利したので日下無双兵法術者の号を賜ったとあります。

少年時代の武蔵については、あまり客観的な史料が残っていません。『五輪書』には13歳で初めて新当流の有馬喜兵衛と決闘し勝利し、16歳で但馬国の秋山という強力な兵法者に勝利し、以来29歳までに60余回の勝負を行い、全てに勝利したと記述されるのですが、本当でしょうか。かつてＮＨＫの「日本史探訪」が武蔵を取り上げたとき、解説役を務めた故・升田幸三さん（棋士。実力制第四代名人）は「60戦無敗なんて普通は考えられない。そう書かねばならなかったとしたら、武蔵はなんと孤独な人だったか」と発言しておられました。

黒田家はやがて豊前の中津（14万石）に移ります。関ヶ原の戦いに際して、黒田官兵衛は浪人を急募して部隊を編成し、九州北部を転戦します。新免無二・武蔵の父子はこの黒田隊に所属していたといわれますが、これまでの推測とよく合致します。ただし、このあと、父子は黒田家から離れたようですね。

宮本武蔵――度重なる転居と弟子の育成

関ヶ原での戦いの後、新免無二と武蔵の父子は黒田家を離れたようです。その理由は分かりませんが、この時代によく見られることとして、より良い待遇、端的にいうと高い禄高《ろくだか》を求めて再就職を狙ったのではないでしょうか。

その後、確実な武蔵の姿は豊前の小倉城下に現れます。関ヶ原の戦いより前、黒田家は豊前の中津を本拠としていました。戦後、黒田家は筑前の博多に移り、豊前は細川忠興《ただおき》に与えられました。忠興は初め中津に入りましたが、やがて本拠を小倉に移します。かつて黒田家に仕官していたとおぼしき武蔵がついで小倉に現れる。この移動は黒田と細川の動きと連動していないか、と考えましたが、自信がありません。

とりあえず、小倉の武蔵です。彼はこの地で剣術を指南し、弟子を育成していました。もう一人、剣術を教えて名が高かったのが、佐々木小次郎です。両者は仲良く住み分けることができず、ついに剣を交えることになりました。これが世にいう「巌流島の決闘」になります。

さて、ここが大切なのですが、江戸時代に入り、社会が落ち着きを見せ始めると、武士同士の斬り合いや、武士が町人などを斬り捨てる「無礼討ち」は厳しく咎《とが》められるようになります。そんなことを勝手に行ったら、立派な犯罪なのです。ですので60

回に及ぶ武蔵の兵法者との勝負などが可能なのかな？と首を傾《かし》げたくなるのです。

　武蔵と小次郎は関門海峡に浮かぶ舟島という小島で勝負することになりました。それはもちろん、お上に届け出ていた。この場合のお上というのは、具体的には門司《もじ》の城代を務めていた沼田氏（５０００石）です。沼田氏はもともと足利将軍家に仕えていました。そして、のちに主人と仰いだ細川幽斎は、かつては同僚でした。幽斎の正妻で忠興の母、沼田麝香《じゃこう》はこの家の出身です。

　麝香の甥《おい》に当たる延元（細川家臣・沼田氏の二代目）のときに著された記録が『沼田家記』で、巌流島の一件についての根本資料は、この本の記述にこそ求めるべきだと思います。それによると、武蔵と小次郎は互いに単身で島に向かうことを約束しました。ところが約束を守った小次郎サイドに対し、武蔵の門下生は、こっそり武蔵のあとを追ってきた。

❖巌流島の決闘後に事件が！

　二人の斬り合いは武蔵の勝利に終わりました。そこは間違いない。ただし、武蔵が木刀を使ったのか真剣だったのかは定かではありません。それはさておいて、敗れて気絶していた小次郎は、暫《しばら》くして蘇生したのです。すると、なんと武蔵の門弟たちは、よってたかって小次郎の息の根を止めてしまいました。

この顚末《てんまつ》を漏れ聞いた小次郎の弟子たちは当然、激昂《げきこう》します。先生の仇《かたき》だ、約束を破った武蔵を討て。たいへんな騒動になりかけたので、沼田延元は警護の兵を付けて、武蔵を日出《ひじ》に逃がしました。当時の日出は3万石の城下町。殿さまである木下延俊は麝香の娘・加賀どのを正室としていました。そして、木下家には、新免無二が仕えていたのです。とすると、武蔵が小倉で活動していたのは、父の推薦があって、木下家の縁戚である細川家への仕官を希望していたからかもしれません。そしてもう一人の有力候補であった佐々木と、優劣を定めることになった。

次に武蔵の活動が確認できるのは、播磨です。いったん生まれ故郷に帰ってみようと思ったのではないでしょうか。もしかすると日出藩主の木下延俊が、関ヶ原の戦いの頃は姫路の城代をしていた、という史実が関係するのかもしれません。ただし、武蔵が播磨に帰ったのがいつなのか、は分かりかねます。仮に巌流島での決闘後ほどなく、であるとすれば、播磨に拠点を定めて、全国に足を延ばして名声を獲得していったという推測も成り立ちます。

姫路の城主は関ヶ原の戦いの後に池田家が務め、元和3（1617）年からは本多忠政になります。剣の名手としての声望を確立した武蔵は本多家とは接触をもったようですが、池田家との話はないように思います。武蔵と姫路城というと、武蔵が城の守護霊である刑部《おさかべ》姫と天守閣で対面した、という伝説が想起されますが、それは本多時代の姫路城が舞台として想定されていたのではないでしょうか。

本多忠政の嫡子が、豊臣秀頼夫人であった千姫の第二の夫となった忠刻です。武蔵は養子の三木之助を忠刻に仕官させています。なぜ武蔵自身ではなく、三木之助なのか。これは想像になりますが、武蔵の要求と関係があるのかもしれない。兵法指南役として仕官しても、禄はさほど望めないのです。幕府に仕えた小野派一刀流の小野忠明が600石、尾張徳川に仕えた柳生家も600石です。いや、それだけ貰《もら》えれば十分、十二分だろうとも思えますが、武蔵の望みはもっと大きかったのではないでしょうか。

本多忠刻は将来を嘱望されながら、寛永3（1626）年に31歳で病死します。すると彼に小姓として仕え、引き続き側近となった三木之助は、忠刻の初七日に忠刻墓前で殉死しました。享年23。殉死するほど主従の絆は深かった。三木之助は忠刻のお気に入りの臣だった。そこにはあの剣豪・武蔵の養子、ということが高い価値として作用していたのではないでしょうか。

宮本武蔵――剣の達人が持つ人間の総合力

どうしても解けない謎があります。それなりに考えたのですが、いまだにこれだ！という答えにたどり着けていません。それは武蔵の養子、宮本伊織の大出世です。

武蔵の初めての養子は三木之助。当時おそらく播磨を生活の根拠にしていたであろう武蔵は、姫路城主の世継ぎであり、徳川千姫の夫である本多忠刻《ただとき》に三木之助を仕官させました。三木之助のサラリーがどれほどかは伝えられていないのですが、忠刻は彼を小姓として厚遇したようです（小姓は上級武士が務める職）。そのためかどうか、忠刻が31歳で亡くなると、三木之助は追い腹を切って亡くなります。23歳でした。

すると同年、武蔵は二人目の養子である伊織を播磨・明石城主の小笠原忠真《ただざね》の家臣として送り出します。忠真の母と本多忠刻の母は姉妹で、松平信康の娘。ですから忠真と忠刻はともに徳川家康の曽孫で、いとこの関係となります。また小笠原領と本多領は隣接していました。

15歳で仕官した伊織は忠真の側近として働き、驚くべきことに20歳で早くも家老となります。翌年、肥後の大大名である加藤家が取り潰されると、豊前小倉の細川家が熊本に栄転。その小倉には小笠原家が移りました。ちなみに細川家の当主・忠利の正室は忠真の妹。ですから、忠真と忠利は義兄弟ということになります。小倉へ移った小笠原家は、明石時代より5万石加増されて15万石。このとき伊織は2500石。その6年後、島原の乱に出陣して戦功を挙げ、4000石の筆頭家老に昇進します。

いや、これは異例中の異例、大抜擢《ばってき》です。大名たちはもはや戦のない時代になりつつあることを肌で感じています。戦国時代と違い、領地はおいそれとは増えない。合戦をして領地が増えるから、腕に覚えのある武士が高禄《こうろく》で迎えられた。でも時代が変わり、槍《やり》自慢・腕自慢だけの武士は敬遠された。仕官自体も望めなくなった。それなのに、伊織は譜代の家臣を押しのけて、筆頭家老になっている。通常ならばあり得ない。

もちろん、伊織はたいへんに有能で、人柄も優れていたのでしょう。文武に秀でた、立派な人格者だった。でも、新参の者が若くして家老。しかも宮本家はこののちもずっと家老を務めていますので、伊織の昇進を周囲が是認していたことになります。世襲ガチガチの時代なのになぜ？

❖画家としても卓越し、文才もある

こうなると、どうしても、彼が武蔵の養子だった、というところに注目せざるを得ません。伊織どのは、あの宮本武蔵の子どもである。ならば家老、2500石（4000石への加増は戦場での伊織の働きとして）も納得じゃわい。小笠原家中の皆々がそう思っていた、ということしかないように思います。

となると、です。武蔵の名は寛永9（1632）年ごろには天下に鳴り響いていた、と想定せざるを得ません。ただし、前回もご紹介しましたが、将軍の剣術指南役である小野忠明は600石、尾張の柳生家も600石です。それを考えると、伊織の2500石は多すぎる。養子がこれだけもらえるなら、武蔵本人が仕官していたら、いったいいくらになるのか、ということですね。

歴史好きな読者はもうお気づきでしょうが、ぼくはもっとも大事な事例を紹介していません。そう、将軍家指南役はもう一家あります。柳生宗矩《むねのり》が興した江戸柳生家。この家は宗矩の代に1万2500石。幕末まで1万石で続いていく。

ただし、宗矩は剣術の腕だけでこれほどの禄を得たのではありません。彼は優秀な官僚だった。惣目付《そうめつけ》（後の大目付）に任じられ、大名家の監視に当たった。その褒賞がこの高禄です。やはり、剣術の腕だけではいかに名人・上手でも1000石には届かない。以前に紹介した大豪傑の可児《かに》才蔵も750石ですので、剣術の達人の値として1000石は高すぎ、は妥当な理解だと思います。

剣だけではない、となると、武蔵は何がすごかったのか。それは宮本武蔵という人間の総合力だとしか考えられません。彼は残された作品から見て、芸術家（画家）としても卓越していた。加えて『五輪書』の叙述に見られるように、当時の武士としては文才もみごとだった。もちろん、ベースとして剣の達人である。これで合わせて５０００石くらいなのかなあ。けれども戦がなくなって新参の武士にそれだけ払える大名家はもうないので、彼自身は仕官しなかった。自分を安売りするのはプライドが許さなかったのでしょうね。その代わり、分身としての伊織が２５００石を得た。こんな感じでいかがでしょうか。

寛永17（１６４０）年、武蔵は細川忠利に客分として招かれ、熊本に移り住みました。賓客として遇され、３００石が支給され、鷹《たか》狩りが許されています。鷹狩り許可は家老以上の特権ですので、破格の待遇といえます。なお、細川家の家老というと、一門、上卿《しょうけい》三家、そのほか重臣がこれに当たると思われますが、熊本藩は大藩なのでほとんどが５０００石を超えています。

正保２（１６４５）年、武蔵は熊本の屋敷で亡くなりました。享年62。墓は熊本県熊本市北区にあります。

柳生十兵衛――真剣で見せた〝プロ〟としての技術

名将はなぜ名将なのか。それは、結局は彼の人間力にかかっているのだ！　第3章では立花宗茂を例として、そうした、ある意味つまらない話をしました。でもね、これ、最近何かと話題のドラフト、プロ野球にも似たようなことが言えるそうです。

ぼくには前から疑問がありました。『よろしくお願いします！』とキャンプに新人くんが現れますよね。一緒に練習して彼の動きを見ていると、プロ野球選手なら『ああ、この子はどれくらいの選手になるな』とだいたい分かるんだ」。著書の中でそうハッキリ書いていたのは、江本孟紀さんでした。

それで疑問です。スカウトって、ほぼ元プロ野球選手です。そのスカウトが長い時間かけて見てきて、ドラフトで選手を指名する。ところが1位指名の選手ですら「モノにならない」ことはよくある話です。なぜなのか？

その問いに満足できる答えを提供してくれたのは、友人の雑誌編集者でした。選手たちの実態を取材してきた彼は指摘します。「ドラフトで3位くらいまでに指名される選手って、本当にモノが違うのです。体力的には超エリート。プロで活躍する素質をみんながもっている。じゃあ、どうして二軍でくすぶってしまうか。アクシデントとしてのケガ・故障は別とすると、『遊んじゃう』からです。周囲は放っておいてくれないし、みんな若いですからね。でも誘惑に負けたら、アウトです」

努力して故障しない体をつくり、基礎を体得できた人がレギュラーをつかむ。そこまでいったら、ある程度の遊びだって許される。もちろん変わらずに切磋琢磨《せっさたくま》する人は、超一流になる可能性があるわけですが。逆に若いうちに遊びを覚えてしまうと、せっかくの才能を潰してしまう。

努力には、するべき時期がある。選手生命をトータルとして見通して「いま」努力できるかどうか。レギュラーをつかめば、お金が稼げる。遊ぶのはそれからでも十分だ、と目先の誘惑をはねのける克己心。そこにプロとして大成するカギがある。こうした観点からすると、技術が重要であるプロ野球選手もまた、人間力なのかもしれませんね。

❖剣術の奥義を体現した技とは

人間力、人間力と連呼すると精神主義者みたいに聞こえてしまうので、もう一つ大事なのは冷静な自己分析力でしょう。おのれを知るのはおのれにしかず。ちやはやする周囲の声とは別に、自分を冷静に観察する。落語などの芸の世界では、「慢心はダメだよ。オレとあいつは良い勝負だな、と見ている相手は、世間サマは、おまえさんよりよほど上手だと評価している。オレはあいつよりうまいな、と見下している相手が、おまえさんと同レベルなんだ」と注意されるといいます。だれだって自分の欠点を注視するのはいやなものです。でも、それができないと生き残れない。

ああ、いけない。この連載では人物を取り上げないと。どうするかなー。あ、前に宮本武蔵について見ていきましたので、柳生十兵衛を取り上げましょう。

十兵衛三厳（１６０７～１６５０）は将軍の剣術指南であり、有能な幕府官僚だった但馬守宗矩《むねのり》の嫡子です。名の読みは普通は「みつよし」ですが、柳生一門を好んで題材とした作家の五味康祐は「みつとし」とルビを振りました。現代に続く尾張の柳生家の当主が代々「厳」を通字とし、「とし」と読んでいるのを参照されているのかな、と推測します。

十兵衛は13歳で徳川家光の小姓となりました。父が家光の指南役になってからは、稽古《けいこ》にも相伴し、家光のお気に入りだったようです。ところが寛永３（１６２６）年20歳の時に、何らかの理由で家光の勘気を被って蟄居《ちっきょ》を命じられます。蟄居が解けても再出仕は許されず、11年にわたって江戸を離れます。十兵衛はこの間のことを「故郷の大和・柳生庄に籠もって兵法の研鑽《けんさん》に明け暮れていた」と述べていますが、武者修行などで諸国を遍歴していたとする説もあって、とくに薩摩藩など西南雄藩の内情を偵察に行ったのでは、という物語が作られました。

やがて家光の元に再出仕し、父の没後は跡を継ぎます。剣術指南役を務めて日を送っていましたが、慶安３（１６５０）年、鷹《たか》狩りに出かけた先で急死しました。享年44。まだ若い上に死因が不明なため、ここからも物語が作られています。男子がなかったので、弟の宗冬が家を継ぎました。

『撃剣叢談《げっけんそうだん》』が伝える十兵衛の有名なエピソードがあります。彼がある大名を訪ねた際、その藩への仕官を望む剣自慢の浪人との立ち合いを強く所望されました。十兵衛がいやいや請いに応じたところ、木刀での勝負は一見相打ち。でも十兵衛は私の勝ちである、それが分からぬようではダメだ、と言いました。

この言葉に怒った浪人が真剣での立ち合いを望み、大名も無責任に勝負をけしかけました。十兵衛がやむなく試合に応じたところ、彼が着物を一寸ほど斬られただけであるのに対し、浪人は血煙を立てて斃《たお》れました。十兵衛は「無用の殺生をしてしまいました。剣術とは、この通り、一寸の間にあるものなのです」と、顔色を失っている大名を静かに諭したといいます。

この説話が史実かどうかは分かりませんが、プロの技術というのはまさにこれ。おのれを冷静に観察し、分析し、努力を続けねばならない。ほんの少しに見える差異が、大きな結果となって表れる。とすると、剣の道もまた、人間力なのかもしれません。

大姥局 ――「息子の死後」に疑問が残る影の権力者

第3章で本多政重のことを書きました。それ以来、どうもモヤモヤしております。それは政重の徳川家からの出奔の顚末《てんまつ》なのです。なんか変だな、と。詳しくはこうです。慶長2（１５９７）年に本多政重と戸田為春が川村荘八（岡部荘八）を殺害した。川村は徳川秀忠の乳母・大姥局《おおうばのつぼね》の子息であった。それもあって、政重と為春はこの事件を起こしたすぐ後に徳川家中を出奔した、となります。

大姥局は大永5（１５２５）年生まれで、没したのが慶長18（１６１３）年。長生きですね。岡部局とも呼ばれました。今川家の岡部貞綱の娘で、夫は穴山梅雪家臣の川村重忠。夫の重忠はもとは今川家に仕え、今川家の人質時代の若き日の松平元康（のちの徳川家康）の世話役だったそうです。

今川家が衰退すると、夫婦は小田原北条氏のもとに身を寄せ、そののち甲斐武田氏の重臣で駿河方面の責任者だった穴山梅雪に仕えました。夫の重忠は穴山家の家臣として没し、未亡人となった大姥局は、夫没後しばらくして、徳川家康の子・秀忠の乳母（養育係）として召し出されました。秀忠の生誕は天正7（１５７９）年4月7日、秀忠の実母の西郷局が天正17（１５８９）年に亡くなっていますので、局が乳母になったのは徳川家が関東に移った天正18（１５９０）年くらいでしょうか。ちなみに彼女の兄弟は１５００石の旗本に取りたてられ、彼女自身も化粧領として、武蔵国内に２０００石を与えられています。

後の春日局のことを考えると、秀忠時代の奥向きを統轄《とうかつ》していたのは大姥局でしょうから、その権勢はなかなかのものだったと想像できます。もちろん、奥向きの女主人はお江の方でしょうから、春日局とまではいかなかったでしょうが。でも晩年の局は池上本門寺の五重塔を寄進していますし、秀忠が局の侍女との間に子（後の保科正之）をなすと、お江の圧力を避けるために武田信玄の次女である見性院《けんしょういん》（局の亡夫の主人・穴山梅雪の妻）にも助力を頼みながら、無事に出産をさせています。経済的にも政治的にも、相当な人物だったと考えられるのです。

そこでどうしてもモヤモヤが生じます。彼女の息子はおそらくは川村荘八のみ（息子かな？と可能性のあるのが福井藩士となった岡部長起）。荘八は旗本になるでしょうし、春日局の事例（身内が大名になり、代々幕府中枢に）でいうと、大名に取りたてられるのも夢ではなかったはず。そんな将来有望なかわいい我が子を殺されて、母である局がおとなしくしている、なんてことがあり得るでしょうか。

❖川村荘八が没した真相は…

当時の常識としては、「喧嘩《けんか》両成敗」です。家中の同僚を殺害したら、自身も切腹は免れません。それなのに政重はどう見ても、その後も幕府と連絡を取り合って、大活躍している。また、政重の父である本多正信は、家康が駿府に移ると秀忠を補佐していますので、秀忠は昼は正信の、夜は大姥局のサポートを受けるわけです。その二人の子が殺人事件の原告と被告。こんな状態では秀忠はとても安らげませんよね。

そこでぼくは妄想します。川村荘八は、普通に病死だったのではないか。事件の時に局は73歳です。となると息子の荘八は50歳くらいでしょうか。当時のことですので、病没したとしてもおかしくない。

荘八が病没したとき、本多正信が大姥局に持ちかけた。大姥どの。ご子息を亡くされ傷心のところにまことに申し訳ないが、徳川家のため、もう一仕事していただけまいか。我がせがれを徳川の耳目として使いたいのじゃ。枉《ま》げて頼む。そこで若き日の政重と戸田為春が荘八を斬って出奔した、というフィクションが作られ、政重はとりあえず大谷吉継の世話になった後、宇喜多家の家臣になった。

宇喜多は五大老の一人で大大名ですが、関ヶ原前夜、ボロボロでした。戸川達安《みちやす》ら主要な家臣が離脱していたのです（宇喜多騒動）。そこに介入して収めたのが徳川家の榊原《さかきばら》康政と大谷吉継。大谷は関ヶ原では友情のため石田三成に与《くみ》しますが、家康とも親しかった。また宇喜多家から離れたメンバーはみな徳川に仕官しています。となると榊原はむしろ騒動を大きくして、徳川へのヘッドハンティングに精を出していた？ 大谷は見て見ぬふり？ そして、大谷家で暫《しばら》く過ごした政重が、2万石もの高禄で宇喜多家に潜り込むのです。

関ヶ原後、政重は直江兼続の婿養子として入りますが、兼続には実子がいました。景明といいます。彼の妻は近江・膳所《ぜぜ》3万石の戸田氏鉄《うじかね》の娘。氏鉄の弟が政重とともに出奔した戸田為春。また、この結婚の媒酌人は本多正信。こうなると、怪しすぎますね。

直江は幕府とのパイプを作りたいので政重を迎え入れた。でも景明がいるので本気で跡を継がせる気はなかった。だから時期を見て政重は直江を離れて前田に移った。でも計算違いが生じて景明が若くして亡くなったため、直江家は断絶してしまった、というところでしょうか。

最後に戸田為春。ぼくは彼も本多正信の手駒だったのでは、と疑っているのですが、家康と昵懇《じっこん》だった浅野家に仕えています。それで彼の娘（一人娘？）が伯父の氏鉄の養女として京都の公家・六条有純と婚姻し、その娘が徳川家光の愛妾となって大姥局、春日局の次の「大奥のあるじ」、永光院（お万の方）となりました。永光院の弟の氏豊は戸田を名乗り、高家の一員として幕府の旗本になりました。祖父・為春の出奔から50年あまり後の話です。

お梶の方・お梅の方——〝下賜された愛妾〟のたどった数奇なる人生

命を懸けて戦う家来に、褒美を取らせる。コレが主従関係の基本となります。また褒美の根本は領地です。領地を頂戴できれば、その地からの貢納物が子々孫々までの収入になりますので、武士たちは戦場で、死をも厭《いと》わずに敵に立ち向かっていったのです。

土地、すなわち不動産は「戦働き」をじっくり査定した後に授けるとして、戦場での士気を高めるために、武将たちはその場で動産、すなわち褒美の品々を与えることもありました。例えば『甲陽軍鑑』によると、武田信玄は甲州金（領内の黒川金山から産出）や良い刀を陣中に運び込んでいて、めざましい働きを示した武士は本陣に召し出し、「すぐに」「直に」手渡したそうです。これだと部下たち、やる気が出ますよね。

反対に褒美をけちる「吝《しわ》い」主人というと、ぼくは徳川家康を想起します。家康は、なかなか領地を増やしてくれなかった。一番顕著なのが関ヶ原の戦いのあとで、この大いくさに勝った家康はついに天下人になったわけです。ですので、徳川の家臣たちはボーナスを期待しました。

現在でも上場を果たしたり、一大プロジェクトが成功すれば、長期にわたってありがとう、お疲れ様！と、会社はボーナスを弾むじゃありませんか。ところが家康は出さなかった。とくに徳川秀忠の指揮のもと、東山道を西に進んだ徳川本隊の面々に対して。おまえたちは関ヶ原の本戦、天下分け目の合戦に参加していないから、と加増の沙汰がなかった。なんだよ、長年の奉公は何だったんだよ。家臣たち、しらけますね。

ただし家康にも、良いところはありました。一度与えた所領は、へんな理由で取り上げることをしなかったんです。ここが織田信長や豊臣秀吉と違う。信長・秀吉は大盤振る舞いをする代わりに、機嫌次第で領地を没収することがあった。ヘタをすると、追放されたり、命まで奪われる。これは怖い。ぼくのような小心者は、三英傑の誰に仕える？となれば、答えは家康一択です。一方で、この昇給話で盛り上がったときに、出口治明さんは「ぼくは自分の才能を試したいから、信長だな」と仰《おっしゃ》っていました。やはり「出来る人」は考え方が大きいですね。

❖「女性としての幸せ」はあったのか？

家康にはヘンなところがあって、土地や品物ではなく、家臣に「人間」を与えることがありました。中世では人は売買の対象となり（つまり奴隷ですね）、しかも命は有限ですので動産あつかいになるのですが、家康が与えた人間は、それとは違います。

身分の低い存在ではなく、自身の子どもや側室だったのです。

具体的には、同い年の平岩親吉《ちかよし》（犬山城主で10万石ほど）に子どもがないとなると、八男の仙千代を養子として与えています。仙千代は幼くして亡くなったので、結局は平岩家は大名としては断絶してしまったのですが。

また、次世代を担うホープには、愛妾《あいしょう》を下賜しています。政治面で抜群の手腕を発揮していた本多正純にはお梅の方を、徳川家の経済を担当していた能吏・松平正綱にはお梶の方を。お梅の方は秀吉の親戚だった青木という大名家の出身。正純の正妻になりましたが子はできませんでした。正純が失脚する（宇都宮釣り天井事件）と別居を余儀なくされますが、家康はとっくに亡くなっていますし、実家も没落していたのでひっそりと晩年を過ごし、亡くなりました。

もう一人のお梶の方は、関東の太田氏の出身といわれています。太田というのは、江戸城を築いた太田道灌の一族です。彼女はとても賢い女性で家康の大のお気に入り。関ヶ原の陣所にも一緒について行ったとか。その彼女、一度は松平正綱の正室におさまったものの、すぐに家康の元に帰ってきてしまいました。

慶長12年（1607年）、彼女は30歳のときに、家康最後の子である五女・市姫を産みます。市姫は早々に伊達政宗の嫡男・虎菊丸（のちの伊達忠宗）と婚約しますが、4歳で夭折《ようせつ》してしまいます。不憫《ふびん》に思った家康は自身の十一男の鶴千代（のちの徳川頼房）、越前藩主結城秀康の次男である虎松（のちの松平忠昌）、外孫振姫（姫路藩主池田輝政の娘）らを彼女の養子扱いとしました。振姫はのちに、伊達忠宗に嫁ぎました。また市姫の墓は、いっとき彼女の夫であった松平正綱が造営しています。

家康の死後は落飾して英勝院と称しました。水戸の徳川家とは太いパイプを持っていたようです。徳川頼房の後継者は三男である光圀《みつくに》でしたが、そのため、兄の頼重は僧籍に入ろうとしていました。英勝院が将軍・秀忠に頼重の登用を願い出て、それが奏功して頼重は高松藩主になれたそうです。また彼女が開いた鎌倉の英勝寺（浄土宗。現在も鎌倉唯一の尼寺）は、代々水戸徳川家の子女を門主に迎えていたため、「水戸御殿」や「水戸の尼寺」と称されました。

結婚相談所を利用する現代の女性は、かりに豊かな年収があっても年の離れた男性をことのほか忌避するそうです（せいぜい5歳差まで、と聞きました）。異性として見られない、という理由はもっともだと思いますが、35歳も年長の家康を選んだお梶の方は、果たして幸せだったのでしょうか。2万2000石の正綱は、才能は保証付きですが、彼女にとっては物足りなかったのかなあ。ちなみに正綱の甥《おい》で、養子になって跡を継いだのが、有名な「知恵伊豆」こと、松平伊豆守信綱です。

徳川光圀――いまだに評価が分かれる「黄門さま」

今回は、前回の「お梶の方」つながりで、水戸光圀《みつくに》を取り上げましょう。御三家のうち、水戸家の当主。寛永5（1628）年生まれ。元禄13（1701）年没。水戸黄門として知られています。黄門というのは黄門侍郎という中国の高官です（肛門痔瘻《じろう》ではありません。念のため）。これが日本の朝廷の中納言に相当すると考えられ、中納言に任官した人を黄門と称し、その代表が光圀、ということですね。

光圀は良い統治者で、会津の保科正之、岡山の池田光政と並んで「江戸時代前期の三名君」の一人に数えられます。儒学を奨励し、日本史を重視しました。彰考館を設けて『大日本史』の編纂《へんさん》事業を始め、明治維新の精神的な原動力となった「水戸学」の基礎をつくりました。

光圀については、これくらい知っていれば歴史通でしょうね。あとは細かいことになりますが、彼は全国漫遊なんてやっていません。日光、鎌倉、金沢八景、房総などしか訪れたことがない。あと勿来《なこそ》と熱海ですね。そのほかは関東を出たことがありません。

そのほかには、伯夷《はくい》叔斉《しゅくせい》の話に感銘を受けたことも有名ですね。司馬遷《せん》は『史記』でこの兄弟を取り上げました。

古代中国・殷《いん》代末期に孤竹という国があって、伯夷と叔斉は王子。お父さんである王さまは、弟の叔斉が王位に就くように遺言します。兄の伯夷は遺言を守り、国を出ます。すると叔斉は「弟の身で、兄を差し置いて王位に就くことはできない」と兄を追って、国を出てしまいます。儒教には「弟らしくすること」という、日本ではあまり耳慣れない徳目があり、「悌《てい》」と表現します。叔斉は悌の人だったのです。

兄弟は助け合って清貧な暮らしをしていましたが、周の文王の徳の高さを聞き、周の国に向かいます。ところが彼らが到着したとき、文王は亡くなっていて、跡を継いだ武王は軍を興して悪逆で知られた殷の紂王《ちゅうおう》（酒池肉林の語源になった人ですね）を討とうとしていました。そこで兄弟は武王を諫《いさ》めました。「父の喪が明けぬのに戦を起こす。それが孝といえるか。主君を討とうとする。それが仁といえるか」

❖「黄門さま」は〝中二病〟だった⁉

周囲の人たちは怒って兄弟を殺そうとしますが、軍師の太公望が止めます。「正しい人たちだ。手出しは相成らん」。その後、殷を滅ぼした武王は周王朝を建国します。すると兄弟は、周で収穫された米は食べない、と山中に分け入ってゼンマイやワラビを食べ、餓死したそうです。司馬遷はこの面倒くさい兄弟の行動に感動し、「正しい人が困窮する。そうした事例は数多い」とした上で有名な言葉を記します。「天道、是か非か」

善良な小市民である私たちは、伯夷や叔斉のような人たちを表現するとても良い言葉を知っています。それは「中二病」。まあ、大人になるとは、正しいだけではやっていけない、と悟ることでもあるわけですね。それで「しょうがねえよなあ、世の中なんてこんなもんさ」とやさぐれて、苦い酒を飲むわけです。

でも光圀はどうも、生涯ずっと中二病よりな人だったと解釈されています。まずは藩主の継承問題。彼にはお母さんが同じ頼重《よりしげ》という兄がいた。にもかかわらず、お父さんの頼房は光圀を後継に指名した。そこに前回のお梶の方＝英勝院（光圀にとっては養祖母に当たる）の意向も関わっていたようです。そうした事情があった彼は、兄を差し置いて藩主になった自分が許せなかった。そこで讃岐・高松12万石の藩主に就任していた（そこにも英勝院の意向があったらしい）兄と子どもを取り替え、兄の血筋に水戸藩主を継がせる、という面倒くさい継承を実現しました。おれは武王の如《ごと》き「不孝のもの」ではないぞ、ということでしょうか。

となると、武王が主君である紂王を討つ「不仁」も糺《ただ》さねばならない。それこそが、光圀にとっての修史事業だったのかもしれません。いま、武家である徳川が天下の権を握っている。でも、政治を行うべきは、本来は天皇ではないのか。徳川は天皇の臣であるはずだ。それを歴史を知ることによって証明しよう。ここに水戸学が誕生します。

ところがところが。この歴史的常識をぶっ飛ばす考察が存在します。それこそは、東大の文学部国史研究室で近世史・思想史を講じていた尾藤正英先生の見解です。尾藤先生は仰《おっしゃ》います。「光圀の歴史歴の一大特徴は、当時の常識を真っ向から否定し、南朝が正統である、と説くところにある。その真意は何か。光圀は後醍醐天皇が吉野に滅んだ南朝こそが正統であると解釈した。それを証明するために、神武天皇からの天皇の歴史を描いた。とすると、どうだ。いま、京都には天皇がいるが、それは北朝の子孫である。すなわち、ニセモノの子孫である。であるからして、天下の権が徳川にある現状は、歴史的に見ても正しい、と光圀は言いたかったのだ」。どうです。驚きでしょう。光圀がたいへんな勤皇家であるという通説は、完全に覆されているのです。

尾藤論文に対する正面からの批判は、今のところないそうです。ならば近世史においては、尾藤論文が定説になっているのか、というと、それはどうなのかな、と近世史の研究者たちは首を傾《かし》げます。要するに、あまりみんな興味を持っていないらしいです。それはそれで、困ったことですが。

修史事業に大金を注ぎ込み続けたために、水戸藩はとても貧乏だった。重税で領民を苦しめる殿さまが名君なものか、という声は大きくなっているそうで、その点も含めて、水戸光圀という人の評価は、今後に委ねられるようです。

助さん（佐々介三郎）格さん（安積覚兵衛）

黄門さまに仕えた真面目な学者たち

前回は徳川光圀《みつくに》でしたので、今回は水戸黄門漫遊記のお供を務めた助さんと格さんをとりあげましょう。ドラマの助さんは佐々木助三郎。長いシリーズでしたのでいつも、ではありませんが、一応「お調子者」というキャラを付与されていたようです。光圀を「けち、がんこ、じじい」、格さんを「堅物の唐変木」と悪口をいっては怒られています。新・田宮流を修めていて、剣の腕はピカ一。一方の格さんは渥美格之進。まじめで実直。助さんを止める役ですね。柔術を中心とする関口新心流の免許皆伝。向かってくる敵は体術でやっつける。剣の腕は助さんに一歩を譲りますが、武術全般では格さんが上。黄門さまが「そろそろいいでしょう」と促すと、格さんが印籠《いんろう》を取り出し、「この紋どころが目に入らぬか」。助さん「一同。ご老公の御前である、控えおろう」。いや、なつかしい。

あんた、いつまで架空のドラマの話をしているの？ですって。いや、実はこの二人、ちゃんとモデルがいるのです。助さんのモデルは佐々介三郎《すけさぶろう》（1640〜1698）。格さんのモデルは安積《あさか》覚兵衛（1656〜1738）。二人ともれっきとした水戸の上級藩士で、それぞれ宗淳《むねきよ》、澹泊《たんぱく》の号をもつ学者でもあった。水戸の彰考館に籍を置いて、修史事業に携わりました。

　宗淳は光圀に命じられて、奈良・京都や中国・九州・北陸など、各地に赴いて、歴史資料を調査しています。こうした活動が、光圀の諸国漫遊のイメージになったのかもしれません。澹泊は光圀に招聘《しょうへい》された朱舜水《しゅしゅんすい》の教えも受けていて、高い評価を得ていました。研究者としての名声は澹泊が上でしょう。でも彼の方が随分と長生きだったから、仕事量が多かった、ということかもしれません。

　ぼくは長く、彰考館の2代総裁が宗淳、3代総裁が澹泊、と認識していましたが、これは誤り。というのは、彰考館の総裁というのは複数いて、宗淳と澹泊が並んで総裁、という時期もあったからです。ただし、年長の宗淳の方が彰考館の学者としても先輩、との関係性は間違いありません。

　明治時代、大阪の講談師・玉田玉知が幕末の講釈師の創作であった『水戸黄門漫遊記』の中に、お供役として助さん・格さんを登場させ、大人気となりました。おそらく玉田師は、十返舎一九『東海道中膝栗毛』の弥次さん・喜多さんをヒントにしたのでは、といわれています。

❖歴史上の人物同士が時空を超えて繋がった⁉

もう25年ほど前に、ぼくは史料編纂所《へんさんじょ》の助手として、兵庫県の古文書の整理をしていました。その中に、『安積文書』という貴重なものがありました。これ、「あづみもんじょ」なんですね。そこでぴん！　ときた。格さんの安積澹泊は普通「あさか・たんぱく」と発音します。いくつかの人名辞書はみなこの読みを採用している。でも、本当は「あづみ・たんぱく」で「あづみ・かくべえ」なんじゃないか。だから彼をモデルにした格さんが「あつみ・かくのしん」になったのではないか。

ぼくはこの「小さな発見」はいける、誰かに聞いてもらいたい、もっというと、褒めてもらいたいと思いました。そこで所の同僚で、水戸出身の近世史研究者のＡさんにメールしたのです。専攻する時代が違うので、Ａさんとは、日ごろから話をするような仲ではありませんでした。けれど、何しろ水戸出身です。発見を喜んでくれるだろう、と思った。ところがＡさんはごにょごにょと筋の通らぬ返事をしてきた。あれ？　先輩諸氏に高く評価され、同輩の仲ではいち早く助教授になり、ゆくゆくは所長にもなると噂《うわさ》されるＡさんだけど、頭はあんまり良くないな、進んでお近づきになる必要はなさそうだ、とぼくは思いました。この判断は正しかったようで、のちにＡさんは行儀の悪いことをしでかし、東大を去りました。これはＡさんを責めているのではなく、当時の史料編纂所の幹部の方たちの人を見る目のなさを批判しています（苦笑）。

それから先日、史料編纂所の書庫で遊んでいるうちに、『佐々十竹《じっちく》の覚え書き』を見つけました。十竹というのも佐々宗淳の別の号ですので、おお、これはまさに助さんのノートなのだな、とパラパラとめくっていると、「大権現様の死の真相」という記事に行き当たりました。大権現様とはもちろん、徳川家康です。

それによると、家康はたいへんに薬の調合に秀でていた、と。これはまあ、有名な話ですね。それで、ついに毒薬を作りだすことに成功した。ほうほう。家康はこの毒薬を用いて、豊臣恩顧の大名である加藤清正、浅野幸長《よしなが》を毒殺した。また使う機会もあるだろうと、薬棚のある箇所に厳重に保管していた。なるほどなあ。

ある日、家康は調子が悪くなった。そうしたら近臣が、あそこの棚にある薬を大御所様はとても慎重に取り扱っておられた。あれはきっと、すばらしい効能を持つ秘薬に違いない。いまこそ使うべき時だ、というので毒薬を家康に飲ませた。そのため、哀れ家康は、自身の作った毒薬で死んでしまったのだ……。

まあ、取るに足らぬウワサ話なのですが、加藤清正や浅野幸長らが毒殺されたという話は当時からあったのだなー、などと感慨にふけりました。それを書き記したのが、あの助さんだったというのも、とても面白かったのです。編纂所の書庫は、本当に宝の山ですね。

お与津御寮人——「良き行い」が幸せになるとは…

お与津御寮人事件、と呼ばれる一件があります。事件の前年にあたる元和4（1618）年、お与津御寮人こと典侍《ないしのすけ》・四辻与津子が後水尾《ごみずのお》天皇の皇子を出産しました。彼女は翌年にもつづけて第二子を懐妊しました。

典侍を少し解説しましょう。天皇のプライベートな空間には、身の回りの世話をする女性たちがいます。これが「内侍《ないし》」です。律令にも規定のある正式な女官であり、男性貴族が任じる朝廷の官職と同様に、「かみ・すけ・じょう・さかん」、四等官制をとります。上位者から尚侍《ないしのかみ》、典侍、掌侍《ないしのじょう》、と続き、ないしのさかん、は置かれませんでした。

尚侍は平安時代の後期から、空席であることが常態となりました。ですから典侍が内侍たちの事実上のトップです。定員は4人。大納言や中納言など、一流貴族の娘が任じられました。掌侍は定員が6人。天皇が移動する際には、剣と璽《じ》（勾玉《まがたま》）を捧《ささ》げ持って随行します。第一位の掌侍が「勾当内侍《こうとうのないし》」または「長橋局《ながはしのつぼね》」といって、朝廷の政務にも関与しました。文学作品にもよく出てきますね。

典侍はそば近くに仕えていますので、天皇と男女の関係になることが普通にありました。当然、皇子や皇女を出産するし、典侍が産んだ皇子が皇位に上ることもしばしばありました。お与津御寮人は正二位権大納言、四辻公遠《きんとお》の娘さん。お父さんの官職に由来して大納言典侍と呼ばれていた方です。どこからどう見ても、後水尾天皇と彼女が結ばれ、子をなしたことは、朝廷の慣例からしてノーマルすぎるほどにノーマルなことです。

　ところが、娘・和子の入内《じゅだい》を計画していた2代将軍・徳川秀忠と御台所のお江《ごう》の方は、これを知って激怒しました。お与津さんの振る舞いは不道徳であるとして、彼女の罪を追及したのです。結果、後水尾天皇の側近であった権大納言・万里小路《までのこうじ》充房《あつふさ》は、監督不行き届きであるとして丹波篠山藩に配流。お与津さんの実兄、四辻季継《すえつぐ》を豊後に配流、更に天皇側近の貴族たちを謹慎処分にしました。

　もちろん、後水尾天皇は憤慨し、退位しようとします。ところが江戸幕府の使者である藤堂高虎が天皇を恫喝《どうかつ》、与津子の追放・出家と、和子の入内を強要したのです。高虎は身長１９０センチ、戦場で受けた傷があちこちに残る偉丈夫だったと伝えられていますので、これはさぞ恐ろしかったことでしょう。元和６（１６２０）年６月18日に和子の入内は実現し、満足した秀忠は処罰した６人の貴族の赦免と復職を天皇に強要、大赦が実施されました。なお、お与津さんは朝廷を追放されて出家、嵯峨に隠棲《いんせい》した後にひっそりと亡くなりました。彼女が産んだ皇子・賀茂宮は元和８（１６２２）年に死去、元和５年６月に生まれた文智女王も鷹司教平《のりひら》に嫁ぐも離縁、出家して大和に隠棲。幸せとはいえなかったようです。

この事件、どう思われますか。娘を嫁がせる父親としては、婿どのが娘ではない女性と親密になり、子までなしていたという事態は、そりゃ許せないと思いますよね。でも、時代が時代、現代ではありません。しかも、お相手は天皇です。『源氏物語』の世界で生きていらっしゃる方です。宮中では恋愛は「良き行い」ですし、咎《とが》められる筋合いはない。それなのに、お与津さんを追放した上に、貴族たちを配流って。秀忠の行いはあまりに野暮《やぼ》だし、蛮行と呼べる域にあるように思えます。

❖実は婿殿に優しかった徳川将軍家

そこにはもちろん、「政治」があります。徳川将軍家は天皇を操る存在になりたかった。幕府は完全に朝廷を凌駕《りょうが》したかった。だから、怒ってみせた。それは確実にあったはずです。でも、秀忠に、躊躇《ちゅうちょ》なくそうした処断をさせてしまう、「当時の常識」があったような気がしてなりません。それは「殿から娘を賜る」ルールです。

殿である存在、その代表は何といっても徳川将軍家でしょう。徳川家からお嫁さんをもらう場合、お嫁さんの他に側室をもらうことは許されるのか？と考えてみると、これは到底、「むり」なんでしょうね。跡継ぎが生まれない、などの場合を除いてですが。

徳川家康の娘さんで、成人したのは三人。長女の亀姫は奥平信昌の妻。信昌との間に生まれた子とその子孫たちは、譜代大名として繁栄しています。譜代大名ですので石高こそ少ないものの、幕政にも関与した。次女の督姫は、はじめ関東の覇者たる後北条氏の北条氏直に嫁いだ。北条氏が滅びると、池田輝政《てるまさ》に再嫁した。家康はこの婿殿を大切にし、池田一族で92万石もの領地を与えています。その領地の富の結晶が、国宝・姫路城ですので、池田家の繁栄は推して知るべし。池田家はやがて鳥取と岡山に分かれましたが、ともに30万石余りの大大名として幕末に至っています。

三女は振姫。この女性は蒲生氏郷《うじさと》の息子、秀行に嫁ぎました。蒲生家は家臣がごたごたしていて、それを嫌った豊臣秀吉は、氏郷が死去すると、領地を会津92万石から宇都宮18万石に削ってしまった。家康は天下を取ると、婿殿である秀行を会津に戻し、石高も60万石とした。厚遇しているわけです。

このように見ていくと、徳川将軍家は婿殿に優しいのです。だからこそ、お嬢様を嫁に迎える側としては、大切に大切にしなければならない。側室なんてもってのほか。とすると、秀忠からすると、たとえ天皇家でも事情は同じ。徳川の大切なお嬢様をお嫁に迎えるからには、押し戴《いただ》くべきだ、と思っていたのではないでしょうか。

猪熊教利——ロマンから俗っぽさへの転換期？

生誕は天正11（1583）年、慶長14（1609）年没。

安土桃山時代、江戸時代初めを生きた公家に、猪熊教利《のりとし》、という人がいました。よほど歴史が好きではないと、知らない人物です。権大納言・四辻公遠《きんとお》の子。ということは、前回取り上げたお与津御寮人のお兄さんにあたります。

四辻家は実兄が継いだため、中絶していた高倉家を再興し、さらに縁があって伝統ある山科家に入りました。ところが勅勘（天皇や上皇に勘当され謹慎すること）を蒙《こうむ》っていた山科家本来の当主である言経《ときつね》が、徳川家康の取り成しによって朝廷に復帰。そのため、慶長4（1599）年、教利は勅命を受けて山科を去り、猪熊を家名として新しい家を興しました。猪熊家は山科家の分家という扱いになります。

慶長5（1600）年1月に左近衛少将、2月に正五位下に叙任されました。当時の公家は徳川家から知行を与えられていましたが、その高は200石。けっして悪くありません。ただし山科家の当主であれば間違いなく中納言、さらには大納言も望めますが、その分家に退いたわけで、公家として今後どこまで昇進できるは不透明。そうしたことが、教利の精神に悪い影響を与えた可能性は大いにあると思います。

教利は音楽や文学など諸芸に通じていて、後陽成天皇に側近として仕えました。一方で彼は在原業平や『源氏物語』の光源氏を想起させる絶世の美男で、常識を逸脱した行動をする「かぶき者」としても知られていました。女癖が悪く、「公家衆乱行随一」と称されました（『当代記』）。慶長12（1607）年2月には勅勘を蒙って大坂へ出奔しましたが、これは宮中の女官との密通が発覚したためと噂《うわさ》されました。やがて京都に戻ってくるのですが、素行は一向に収まらず、多くの公家を誘っては女官たちと不義密通をくり返したのです。

慶長14年7月、女官5人と烏丸光広（当時は参議）ら公家7人との密通が明るみに出ます。詮議の過程で、乱交の中心に教利がいたことが露見しました。後陽成天皇は激昂し、幕府に処分を委ね、関係者を厳罰に処すよう通達しました。8月、幕府は教利に対する逮捕令を諸国に下し、捕らえ次第、京都所司代に引き渡すよう厳命しました。教利は、かぶき者仲間の織田左門の助言を受けて西国に逃亡します。左門は織田信長の弟である有楽斎の子です。教利は朝鮮に遁《のが》れることも考えていたようですが、同月中に潜伏先の日向国で発見され、延岡城主・高橋元種により捕縛されました。9月16日に京都に護送され、10月17日に常禅寺で斬刑に処されました。享年27。

天皇は家康に対し、関係した公家全員の処刑を要求しました。ですが、公家を死刑に処す、ということは基本的にはありません。家康は熟慮の末に、主犯の教利のみを斬首とし、事件に関わった公家5人、女官5人は配流ということにしました。これが

「猪熊事件」です。流された公家や女官らは、ある人は許されて京に帰りましたが、ある人はそのまま流刑先で没しています。

❖文学に造詣が深いと名君⁉

猪熊事件、それに前回のお与津御寮人の事件でぼくが思い知るのは、ロマンの枠であるはずの朝廷に、「俗な論理、ふつうの論理」が適用されるようになったのだなあ、ということです。天皇や貴族は高尚なファンタジー世界に生きていて、歌を詠み、恋をする。逢瀬に恋い焦がれることはむしろ勲章で、禁断の愛であればあるほど称賛される。『伊勢物語』や『源氏物語』の舞台設定は、そうしたものであったはず。ところが猪熊事件では、天皇の側が貴族の処断を武家に要求しています。不義密通は罪、不倫はアウト。なんだか俗っぽくなったものだなあ、という思いが禁じ得ません。

いや、ぼくは歴史と文学の混同は、もともと大嫌いなのです。たとえば鎌倉幕府の三代将軍・源実朝。小林秀雄や山崎正和の昔から、実朝は鎌倉武士の凄惨《せいさん》な権力闘争に巻き込まれた孤独な人、という解釈でした。ところがぼくの師匠である五味文彦が実朝を将軍として積極的に評価して以来、「いや実朝は立派な将軍だった、しっかり仕事をしていたんだ」という解釈に変わってきた。そうした研究者の中には、「実朝は和歌の名手だが、和歌を詠むことが実朝の政治だったのだ」などと言う人もいます。

でも、どうでしょうか。和歌を詠んで、庶民の生活に変化がありますでしょうか。どの時代に於《お》いても、政治と文学は無関係じゃないかな。

実朝が師事した藤原定家もそう。彼は和歌の達人である。そこに文句を付ける気は毛頭ありません。ですが彼は中納言に上った政治家でもあるのです。その彼が日記に「飢饉《ききん》のせいで、庶民がばたばた死ぬ。臭くてかなわない」などと書き記すのは、文学者としての価値に傷は付かないでしょうが、政治家としては無責任だと思うのです。ただし、ぼくのこうした「身も蓋《ふた》もない」解釈は、学界では全く支持されていないように思います。

将軍吉宗の頃、京都所司代を務めた松平忠周《ただちか》という人がいました。温厚で文学に造詣が深かったので、公家たちは集まりに彼を呼ぶことがしばしば。あるとき、会合で『伊勢物語』に話が及び、公家たちは高貴な姫と駆け落ちする業平を口々に賛美しました。すると忠周は威儀を正し、「その認識は誤りです。もし業平のようなことをなさるなら、小職は所司代として逮捕し罰しなくてはなりません」とクギを刺したのです。夢のない話ではありますが、それが現実ではないでしょうか。

著者略歴

本郷和人（ほんごう・かずと）

東京大学史料編纂所教授。文学博士。専門は日本中世政治史、および史料学。主な著書に、『日本史のツボ』（文藝春秋）、『真説 戦国武将の素顔』（宝島社）、『壬申の乱と関ヶ原の戦い なぜ同じ場所で戦われたのか』（祥伝社）、『武士とはなにか 中世の王権を読み解く』『戦いの日本史 武士の時代を読み直す』（いずれもKADOKAWA）、『戦国武将の明暗』（新潮社）など多数。

毎日文庫

生《い》きざまの日本史《にほんし》

印刷 2025年4月25日
発行 2025年5月10日

著者 本郷和人《ほんごうかずと》
発行人 山本修司
発行所 毎日新聞出版
〒102-0074
東京都千代田区九段南1-6-17 千代田会館5階
営業本部：03（6265）6941
図書編集部：03（6265）6745
組版 有限会社マーリンクレイン
印刷・製本 中央精版印刷

 ISBN978-4-620-21082-7